U0034779

師與父

—— 他們點亮了台灣的光

企劃/編著◎島嶼柿子文化館

一切……

從未知開始

誰點亮了光

當一個生命呱呱墜地，用他那好奇的雙眼、小巧的耳鼻、柔嫩的皮膚去感覺這個世界時，學習於是開始。這條路很漫長，須不斷地成長、自省與求知；然而，在這看似寂寞的旅程上，其實仍有不少人與我們相伴、指引我們成長。

三、四百年前，台灣島民原只是單純地活在自己的世界，直到金髮藍眼的異國人帶來了文字與新文化，各種知識的寶箱開始不斷地被發現、開啟；接下來的日子裡，許多「台灣師與父」就在這塊土地上傳道、授業與解惑，甚至鼓吹文化思想的改革；前人不斷地接受啟發，然後成熟、茁壯。在此，我們節選了十八位對啟蒙台灣民智上，具指標性、關鍵性、啟發性貢獻的人物，其一言一行與人格特質，皆有許多值得我們學習之處。經過圖文資料的蒐集與編製，一年多來《啟蒙師與父》終於以個人小傳的形式出爐。

這些台灣啟蒙的先行者，或意外、或自願、或被迫地走在時代的前方，但對於開啟民智，皆不遺餘力：被颱風送到台灣島的書生沈光文，後來雖在鄭氏的統治和逼退下落髮逃亡，感歎萬千的他並不因此失去方向，反而拾起書本，播下漢學的的種子。潤澤盲瞽的甘為霖，則開啟台灣的特殊教育，讓人們身體上的缺憾成為一份考驗和禮物，使台灣的殘障人士們發現一絲希望。走上街頭的蔣渭水，為了改革和提升文化而奔走，只為讓教育走入民間，即使曾被時光所塵封，但只要回顧其一生行止，我們仍會動容不已。風雨飄搖的戒嚴年代，殷海光勇敢地高唱自由的詠歎調，與受其影響的知識分子和學生們，合力傳遞著自由主義的真理，永不止息。

在編輯的過程中，我們不僅看見他們的付出與貢獻，也看到背後那傲人的骨氣與咬牙苦撐的毅力，所以才能堅持著自己的理想，即使必須與外在環境和人為的壓迫相互對抗、即使可能會落得一身淒涼，也不甘就此屈服，直到開闢通往智慧、真實、進步之路。不知不覺，我們的眼神就凝結在他們的身影上，一股莫名的熱情從心底不斷湧出，也許就名為感動……！

人因不斷地經驗、學習，所以突破而成長；我們希望能以此書，與您回溯台灣子民的成長，緬懷啟蒙師與父的風範，追尋生命前進的勇氣，與那幽暗之地的光。

啟蒙 師與父
—— 他們點亮了台灣的光

目錄

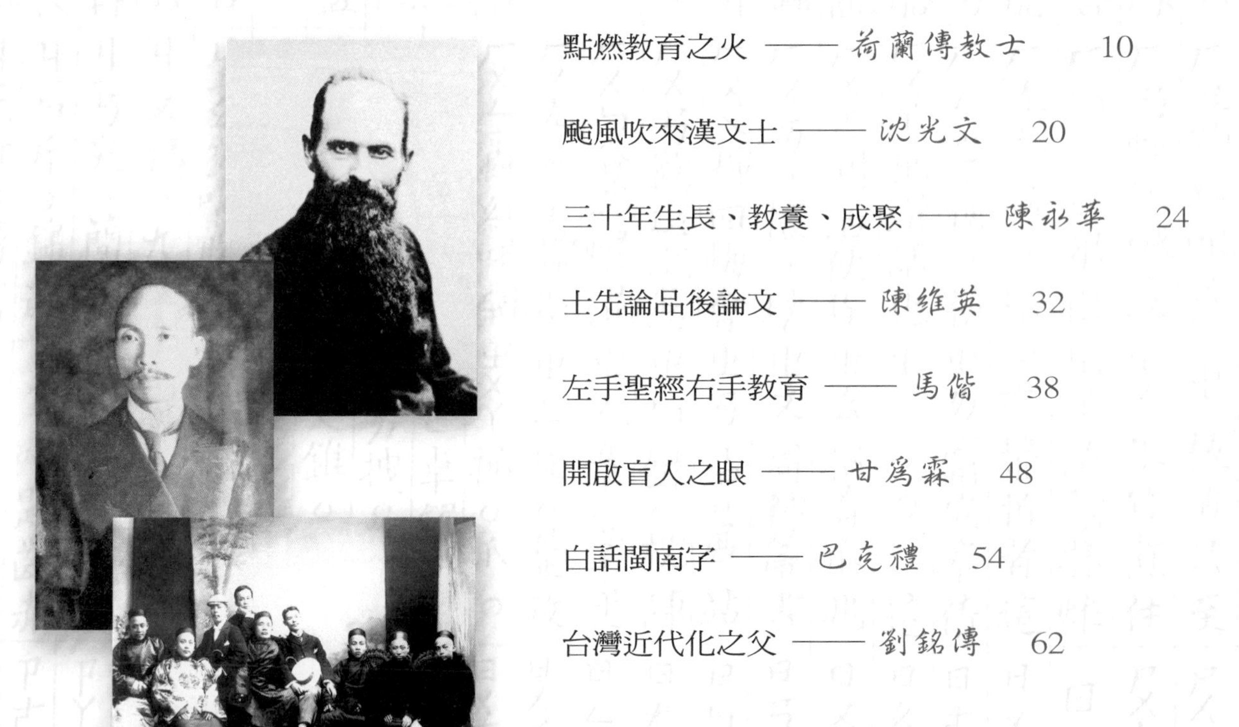

直到……

標至ヒノコン
那人出現了

點燃教育之火 荷蘭傳教士 Dutch missionarie

傳教士為台灣導入了西方教會學校的教育體系，並以羅馬拼音字母將當地的原住民語言整理成文字，但最終目的仍圍繞著他們的天職——傳教，並以《聖經》為知識體系和道德依據。此時的台灣教育，可說是基督教的宗教教育。

在遼闊的太平洋西緣，一座島嶼隔著一道黑潮潮水穿過的海峽，與一個文明古國比鄰而居。這被世人喚作「中國」的古國，有著數不盡的金銀珠寶、高度發達的農業技術、深厚的思想及悠久的文化；許多鄰近國家的文明，因為她的影響而有了改變，甚至左右了歷史的命運。但是，首次為島嶼上的居民帶來巨大變化的，卻不是中國人，而是來自遙遠西方的陌生人。

在十七世紀，好幾群來自不同遠方的陌生人，駕著帆船登上島嶼。島民們看著這群皮膚白皙、髮色或赤或金的人們，帶著他們不曾見過的奇特事物，走進了自己的部落。半帶好奇、半帶警戒的島民們並不曉得，這群外來人將為他們帶來不同的神靈、不同的文化，同時也為他們的生活帶來重大改變：他們的口除了吟唱祖靈的傳說，還將要歌頌「上帝」的事蹟；他們的手除了狩獵與耕作，也將要書寫「上帝」的戒律。

◎ 十七世紀，西方人踏上台灣島，為居民的生活帶來莫大的改變。

相遇福爾摩沙

位居歐陸西端的伊比利亞半島，是西方歷史由陸地走向海洋的出發點。哥倫布在西班牙王后的資助下，揚起船帆向西航行，希望能找到一條直達富庶中國的新航道；同一時期，葡萄牙的三桅帆船在葡萄牙皇室的支持下，沿著非洲西岸不斷向前推進。當葡萄牙人繞過好望角、駛入印度洋、穿過麻六甲海峽，最後在中國澳門站穩腳跟時，西班牙的大帆船也已經從墨西哥橫渡太平洋、佔據呂宋島，開始在福建沿海和中國人打交道。

稍後，荷蘭也尾隨著葡萄牙、西班牙人的腳步，在1596年來到巴達維亞（今印尼雅加達），隨後並成立「荷蘭聯合東印度公司」，負責經營新佔領的殖民地。在巴達維亞建立據點的荷蘭，為了能進一步與中國、日本進行貿易，開始在附近海域尋找中途基地。荷蘭人原本看上的是澎湖，卻因為中國派出軍隊強硬驅逐，迫使他們不得不離開澎湖，而在1624年正式踏上台灣。

◎ 當荷蘭人被中國軍隊逐出澎湖後，便將目標轉向台灣。

東印度公司成立後，便陸續派遣人員前往海外的殖民地任職。為了能照料海外員工的宗教生活，公司多會派駐牧師到各殖民地，這些牧師不僅安撫了海外荷蘭人的心靈，同時也成為基督教向海外傳教的前鋒。但隨著海外殖民地的增加，神職人員的需求也跟著大幅增加，但是願意前往海外傳教的牧師並不多，因此設立一所專門培養海外傳教師的神學院，便成為荷蘭東印度公司的重要議題。

經過一段時間的醞釀，東印度公司於1622年決議在萊頓大學（Leiden）設立神學院，並聘請華留士（Walaeus）教授負責管理。華留士是個十分虔誠的教徒，非常注重學生在道德及宗教信仰上的表現，並要求他們將這些理念落實在生活中。也因為這些在道德和信仰上的嚴格要求，使得神學院培育出身的傳教士，常對從事非法行為的公司職員給予嚴厲的指責，因而造成雙方的衝突。

雖然神學院成立十週年後，東印度公司便以傳教人員充足、神學院無存在必要的理由將之關閉，但這十年間，神學院為東印度公司訓練出許多優秀的海外傳教士，成為基督教向海外擴張的主力部隊。這些傳教士當中，與台灣關係密切的有干治士（Georgius Candidius）、尤羅伯（Robertus Junius）二人，他們除了在台灣傳播福音，同時也介入早期台灣的教育發展。

敲開上帝大門——干治士

荷蘭人佔領台灣初期，並沒有牧師隨行，只有派駐所謂的「探訪傳道」。雖然探訪傳道也可以主持佈道會及禮拜儀式，但他們並沒有為教徒施受洗禮的權力，因此直到1627年6月干治士牧師踏上台灣後，荷蘭的傳教事業才真正展開。其實東印度公司佔領台灣的動機，只是為了增加在東南亞的商業利益，傳教並非他們的主要目的，但干治士卻主動利用各種機會前往西拉雅族（平埔族中的一支）聚居的新港社（今台南新港），展開他的傳教工作。

為了能早日向西拉雅人傳教，干治士在新港社的部落裡搭起竹屋，作為他活動的據點；他積極了解族人們的生活習慣，並主動學習新港語（新港社通用的原住民語言）。在他整理的《台灣略說》中，清楚記述了西拉雅人的生活及性格：「這幾個村社，它們有相同的風俗習慣以及宗教，並且說相同的語言……居民的身材，男人非常高大健壯，幾乎可以稱得上是巨人……女人們非常矮小而肥

◎ 即使對原住民的善良純樸留下了好印象，但甘治士仍將這些不識字的人民列為野蠻人。

胖……整體來說，他們天性友善、忠誠並且親切，對待外人非常殷勤，用最好的食物和飲料招待他們……他們待人誠信，寧可受苦也不會出賣朋友。他們有極好的記憶力，因此他們能輕易的了解或記憶事情……他們的耕作，大部分由婦女來從事，既不用牲畜也不用犂，完全使用鶴嘴鋤來耕地……雖然當地的土地肥沃，但他們只耕作足夠自己食用的食物……。」

從這些文字記載可以得知，干治士對西拉雅人有很好的印象，但他仍從西拉雅人沒有文字的這一點，認定他們是未開化的野蠻人。干治士深信：若能教導原住民讀寫文字，不僅可以啟蒙他們的心智，還可以增進他們對上帝的虔敬。1628年8月，他向東印度公司要求安排時間，以基督教典籍為教材，教導西拉雅人讀書識字；之後，干治士便開始利用每週兩個鐘頭的時間，在新港社的部落裡指導原住民學習基督教教義，並背誦祈禱文。除了積極向原住民傳教，他也回頭要求東印度公司謹慎安排傳教士的任期，讓後繼的傳教士有足夠的時間學習新港語，以便日後入鄉傳教。

在干治士及後繼者尤羅伯的努力下，荷蘭人終於在1636年成立了第一所教會學校，地點正是甘治士的傳教地點——新港社。透過教會學校的教育，新港社的西拉雅人開始能夠閱讀，並了解基督教的教義，逐漸向上帝所在的天國邁進。1637年，干治士任期屆滿離開台灣，在台灣傳教及發展教會學校教育的重擔，便落在後繼者尤羅伯的身上了。

從聽說到讀寫——尤羅伯

干治士離開台灣後，在台傳教的重責大任便落到尤羅伯身上。尤羅伯於1629年來台，他雖然不是最先來台的傳教士，但對信仰的熱情卻一點也不輸給干治士。多次深入部落傳教的他發現，原住民會依現實生活的變化，比如今年農作物收成是否良好等因素，來判斷上帝是否值得信仰。這樣的態度，令尤羅伯不禁質疑起這些教徒的虔誠，因此他決定在當地創辦教會學校，讓原住民自孩童時期就開始接受教會的教育，以加強眾人對於基督教的信仰。

1636年，尤羅伯偕同干治士在新港社創辦了第一所教會學校，招收數十名十三、四歲的原住民孩童為學生。尤羅伯繼承干治士的台灣經驗，以當地通行的新港語，向原住民教授基督教的基本教義。除了宗教課程，還有訓練基礎讀寫能力的課程。尤羅伯教授學生閱讀、書寫羅馬拼音字母，並指導他們如何以羅馬拼音字母將自己的母語轉化為文字。為了促進學校教學，他還親自以新港文（將新港語以羅馬拼音字母整理成的拼音文字）編了一本初級課本，內容包括了基督教的教義問答、主禱文、祈禱文、詩歌和典籍文章等等。

在尤羅伯的努力下，荷蘭人繼新港社之後，陸續在附近的蕭壠、麻豆、目加溜灣、大目降社等地建立學校。透過教會學校的教育，原住民逐漸可以背誦祈禱文、吟唱詩歌、閱讀以新港文編成的教材，甚至能以羅馬拼音文字書寫自己的母語，為台灣原住民培養讀寫識字的能力。雖然這些都是傳教士為了日後的宣教事業所作的投資，卻也讓原住民有機會將自己的母語轉化為文字；這同時也是西方學校的讀寫識字能力訓練，在台灣落地生根的第一步。

◎尤羅伯是在干治士之後相當重要的一位傳教士。

◎將神的義理傳到世界每個角落是傳教士的不變使命，為了讓原住民理解基督教教義，干治士開始教導西拉雅人學習識字。

◎ 荷蘭時代留下的印刷機。

除了初級課本之外，尤羅伯還以新港文陸續完成了三本教義問答的教材。他以基督教經典為教材，透過教義問答的方式進行教學，這對教會而言是非常有效率的，因為這樣的教學方式，讓學生同時接受了教義洗禮和基礎識字訓練。學生透過基礎識字訓練，具備了閱讀基督教經典的能力；而以基督教經典編成的教材，也讓學生在潛移默化的教育過程中，逐漸接受了基督教的價值觀，最終成為一個虔誠的信徒。

在西方，教會學校透過閱讀、背誦及書寫的訓練，使學生能閱讀基督教典籍，並遵守其中的規範；各種課程的設計，都是為了讓學生在日後受洗成為虔誠教徒作準備。在台灣的教會學校，也是依此原則而存在，只是教會學校的活動和原住民的生活方式並不相容。在原住民社會裡，孩子們從小就要下田工作，因此尤羅伯或後繼的牧師們，往往以贈送小禮物給孩子或家長的方式，鼓勵孩子們上課。但當荷蘭人對台灣的控制能力加強後，原本對缺席者的溫和勸誘也逐漸轉變成強硬的罰款處分。

尤羅伯在離開台灣前，曾向東印度公司提出一份教育報告，報告中指出新港社的教會學校當時已有八十名學生，其中二十四名已在學習書寫，之中又有八至十名學生能寫出一手整齊的文字。尤羅伯於1643年回國，但他所創辦的教會學校仍持續運作，以新港社的教會學校為例，1647年學校內共有一百一十名學生，除了四十七位年紀較小的學童，其餘都有不錯的閱讀、拼字能力。除了兒童，尤羅伯也把教育對象推廣到成人身上，成人除了學習教義，也必須接受閱讀、書寫的訓練。不過，正因為學生成長的速度遠大過師資培育的速度，這些教會學校往往也面臨師資缺乏的窘境。

消失的新港語

尤羅伯有著與干治士相同的理想，期望能夠建立一個包容台灣原住民文化、由他們自主的本土教會。為了達成這個理想，他除了以各種包容原住民文化的方式進行傳教，同時還希望選派原住民青年前往荷蘭接受神學教育，培育出屬於台灣本土的傳教士，以便日後主持台灣的教會。尤羅伯的理念除了源自他本身的性格，也和他畢業於萊頓大學神學院的教育背景有關。

培育出干治士及尤羅伯的萊頓大學，是荷蘭最古老的大學。萊頓大學的神學教育受到神學家雅各・亞米紐斯（Jacobus Arminius，曾於萊頓大學擔任教職）的影響，特別強調人的救贖取決於人的自由意志，教徒可以透過接受信仰得到上帝的救贖，而不是如同另一位神學家喀爾文（John Calvin，喀爾文教派創始人）所主張的宿命論，認為人能得到救贖與否早已由上帝「預定」。

接受此種神學教育的干治士與尤羅伯深信，傳教士應當盡一切努力使原住民明白基督教的教義，進而使原住民心悅誠服地接受信仰、得到救贖。為此目的，干治士主張牧師應以自身誠實、守律的生活來感化原住民；尤羅伯則是為原住民編纂較簡明的教義問答，使他們樂於親近基督教。此外，兩人都同樣認為：為了使傳教工作更有效率，傳教士應當使用原住民的母語解說教義，並在不違背教義中心思想的原則下，適度調整對於教義的解釋。尤羅伯在編纂教義問答教材時，曾引用原住民既有的生活習慣來解釋基督教義，就是為了讓原住民更容易了解基督教信仰的內涵。

但是在尤羅伯離開台灣後，後繼者多是信奉喀爾文主義的傳教士，他們強調教義不得任意修改，並固守荷蘭的宗教習慣，不願考慮

◎ 萊頓大學是荷蘭最古老的大學，其神學院培養出許多傑出優秀的傳教士。

◎ 早期原住民社會裡，孩子們從小就要跟著大人下田幫忙，圖為採收甘蔗。

◎ 早期來台的荷蘭傳教士主張以原住民的母語，讓原住民了解基督教的教義，但後期來台的傳教士則較不去顧慮原住民的傳統文化（右圖）。

殖民地居民原有的文化傳統。在這樣的情況下，後繼者往往將尤羅伯實施多年的教育措施全盤推翻，最具體的例子是：尤羅伯直接以新港語對原住民傳教，後來的牧師們則是將傳教教材全以荷文寫成，再轉譯為新港語，以維持原有的教義內容。

後繼者還有另一項對尤羅伯教育計畫的阻撓，就是阻止他在荷蘭訓練傳教士。尤羅伯回國後，原本打算對即將派駐來台的傳教士進行新港語教學，不過反對他的牧師卻聲稱新港語只是台灣的方言之一，甚至指控尤羅伯不曾好好學習新港語；加上東印度公司在1648年將荷語教學引進台灣，並要求台灣的學校必須採用與荷蘭相同的課程，因此尤羅伯所規劃的教育計畫便至此消失，他以原住民母語傳教及實施教育的理想也終告停擺。

寓傳教於教育

對荷蘭東印度公司來說，傳教是一種為了達到海外殖民之目的而存在的手段，藉由傳教士向原住民傳教及實施教育的過程，將原住民馴化成殖民地的被統治者；但實際上，教會是一個獨立機構，擁有自己的領導者及目標，不可能完全服從殖民當局。此外，東印度公司在乎的是在台貿易活動及利潤，但對傳教士而言，這些有可能成為教徒的原住民，才是他們真正在意而優先考慮的對象。雖然傳教士以兼任東印度公司的翻譯、稅務員或司法官的方式，協助東印度公司統治台灣，但傳教才是他們真正的工作；在台灣建立教會、使原住民歸信於上帝，才是傳教士投身海外傳教的真正原因。

傳教士在台灣進行的教育工作，其實也可以用同樣的觀點來解釋。傳教士為台灣導入西方教會學校的教育體系，並以羅馬拼音字母將當地的原住民語言整理成文字，但其最終目的仍圍繞在他們的天職——傳教。傳教士透過教材提供給原住民的知識，是以《聖經》為根源的知識體系，隱含其中的行為準則，也是根源於基督教教義的道德教化。所以我們可以這麼說，此時的台灣教育，其實就是基督教的宗教教育。

但不可否認的是，干治士、尤羅伯兩人在學習原住民語言並以此傳教的過程中，確實將一套有系統的讀寫識字訓練方法帶入台灣，他們在傳教的過程中將新港語整理成新港文，無形中將原住民帶入了歷史時代；尤羅伯在學校中教導原住民學生書寫新港文的行動，更讓原住民擁有了記錄自身文化、歷史的技能，後人也得以從他們留下的「新港文書」（又名「番仔契」）研究這些原住民的歷史發展。

人類因為創造了文字，而得以傳承文化，讓世界往前跨了一大步。干治士、尤羅伯兩人的貢獻，給了台灣一個契機，成為台灣教育的一個重要起點。

Cap. j. fol: 1

Het H. Euangelium | Hagnau ka D'lligh
MATTHEI. | MATTHEUS.

◎ 荷蘭文和新港語互相對照的教義問答。

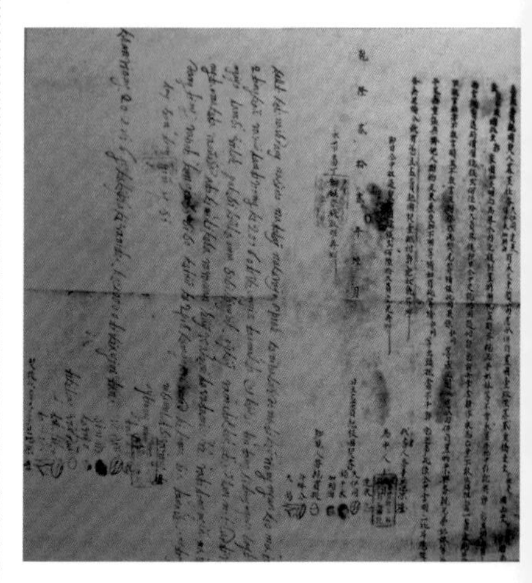

◎ 新港文書是研究原住民歷史的重要文獻。

愛斯基委

來自西班牙的短暫曙光

◎ 在荷蘭人之後，西班牙也於1626年在基隆登陸，踏上台灣。

◎ 早期淡水地圖。

◎ 西班牙硬幣。

1626 年，西班牙海軍從基隆登陸，據有台灣北部，其隨軍牧師——巴多羅米（Bartolome Martinez）神父，也開始對台灣北部的原住民傳教，直到兩年後落水溺斃於淡水爲止。愛斯基委（Jacinto Esquivel）在 1630 年抵台接續巴多羅米的工作，他曾透過傳教化解基馬里（今基隆瑪陵坑）和大巴里（今台北金山）兩社間的長期衝突。

散那社是凱達格蘭族的一支，活動於今淡水中興里、鄧公里一帶，民風十分剽悍。西班牙人進入淡水時，散那社雖因不敵而逃入山中，卻常伺機下山襲擊西班牙人。愛斯基委抵達淡水後，發現這樣的情形，便深入山林安撫原住民勸說他們回到原居地，並在散拿社建教室。之後，愛斯基委便留在淡水學習當地的原住民語言，並以此傳教。他還運用羅馬拼音字母編纂《滬尾語辭彙》、《淡水語教理書》等書，作爲傳教的教材。1632 年，他更進一步到北投一帶傳教，並獲得不錯的成績。

當時有不少漢人、日本人在台灣北部貿易或定居，因此愛斯基委爲中國及日本孩童創辦「學林」，並規劃教理、拉丁語、文藝、科學及神學等課程，希望能培養出前往中國與日本傳教的牧師。可惜他在 1633 年乘船前往日本調查傳教環境的途中，不幸被船員殺害，「學林」的教學也隨之中斷。而日後的西班牙傳教士，則因過度熱衷傳教，往往在無意中觸犯原住民的禁忌，造成他們的反感、敵視，甚至被殺害，導致西班牙在台的傳教事業長期停滯。

愛斯基委身亡的同年，日本便開始禁止西方傳教士在日本傳教，並頒布「鎖國令」，而福建沿海的貿易則被鄭芝龍壟斷。對將台灣作爲向中國、日本發展的中繼站的西班牙人而言，既然向中國及日本進行貿易，台灣已變得可有可無，最後終於在 1638 年自淡水撤軍。

西班牙在北台灣進行的傳教與教育工作，雖然由愛斯基委帶來了短暫的曙光，卻因爲大環境的改變，終究比不上荷蘭人在南台灣的成就。

颱風吹來漢文士　沈光文

不論吟詩、為文，沈光文總是抒發著自己對時局的抱負及感懷，但他的詩文中卻又如實記錄著台灣在地的風土習俗、百姓生活，後人也得以從他的作品裡窺見當年的台灣生活。

自從1624年荷蘭人正式進入台灣本島後，由荷蘭傳教士主持的教會學校，便成為台灣最主要的教育機構；而以聖經為主體的基督教教育，則成為島內原住民唯一能選擇的外來教育體系。雖然此時已經有漢人來台定居，但他們多是為了謀生而渡海的尋常百姓，漢學教育體系因而未能隨著移民傳入台灣。

不過，機緣往往在無意中影響了歷史的方向。原本為了躲避異族統治而遠離家鄉的沈光文，卻在旅程中遭遇颱風漂流海上，最後來到一個同樣遭受異族統治的異鄉——台灣。這位來自大陸的書生，在命運的捉弄下，成了將漢學教育帶入台灣民間的先驅。

台灣第一士大夫

沈光文，字文開，別號斯菴，1612年出生於浙江鄞縣。從小在書香世家長大的沈光文，年輕時就透過考試進入南京太學（明代國家最高學府）就讀；1644年清軍入關、擊潰明政府，許多明朝遺臣為了保住身家產業，紛紛向清軍投降輸誠，但沈光文不為所動，選擇以一介書生的身分加入南明政府，挽救國家危亡的命運。

只是，南明政府抵擋不了如日中天的清軍，幾位主持政府的明皇室成員，紛紛被清軍擒殺，被迫四處流亡的沈光文，也只能感嘆

◎沈光文畫像。

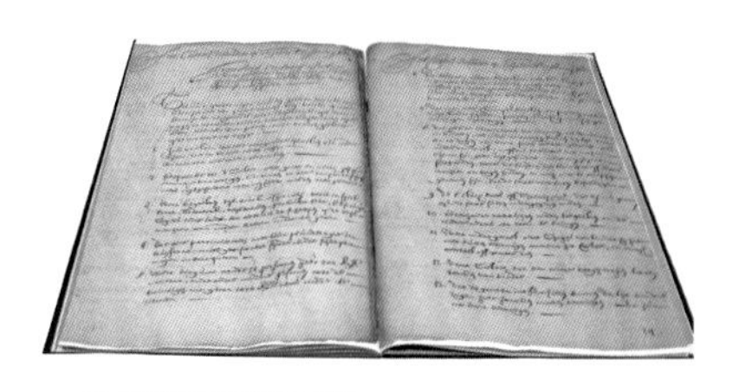

◎ 荷蘭投降鄭氏文件。

◎ 一場陰錯陽差的意外，沈光文飄流到台灣，也帶來了漢文化。

時不我予。1651年，清政府大肆招降南明遺臣，降清的福建總督李率泰，也派人重金遊說當時滯留金門的沈光文，沈光文卻以焚毀招降書、退還黃金的舉動，來表明自己的立場。為了遠離清政府，沈光文決定舉家遷往福建泉州避居，只是沒想到在海上遭遇颱風，雖然幸運逃過海難，卻因此漂流到離目的地甚遠的台灣宜蘭。

當時，台灣的荷蘭人雖然與活躍於福建一帶的鄭成功有貿易上的往來，但連自己身在何處都不曉得的沈光文，並沒有辦法取得回鄉的管道。之後，沈光文由宜蘭一路輾轉來到台南，此時台南地區已經由荷蘭人經營統治二十多年，並有許多漢人透過海路來台開墾，孤身在外的沈光文雖然人生地不熟，但藉著自食其力及旁人的救濟，總算在這異鄉土地上活了下來。

1661年，鄭成功為了把台灣納為自己的根據地，親自領兵攻打台灣。當鄭成功從別人口中得知，同樣曾對抗過清政府的沈光文就在這座海外孤島時，立刻派人找到他並贈與土地、房屋。鄭成功相當禮遇這位「台灣第一士大夫」，並在制定治台政策時接納他的意見，令沈光文備感欣慰；此時又有不少明朝遺老跟著鄭成功的大軍來到台灣，能在有生之年與故舊重逢，更讓沈光文振奮不已。

傳播漢學到民間

不過，鄭成功來台僅僅一年，便因為憂心國事、積勞成疾而過世。鄭成功死後，鄭家內部一度因為繼承人問題而發生政變，所以當長子鄭經一繼位，便對幾位暗中反對他的臣子進行整肅。這個事件，讓沈光文對鄭經的人品及施政能力感到失望，因此作了一首〈台灣賦〉諷刺鄭經即位的手段與他過度享樂的生活。得知此事的鄭經大怒不已，自知命在旦夕的沈光文為了避禍，決定落髮為僧、逃往偏僻地區。落髮一事，讓沈光文感慨甚深，追究自己流亡台灣的原因，就是當初不願剃髮留辮、接受異族統治；如今不在滿清統治之下，卻還是被迫削去長髮，這教他如何自處？

逃出生天的沈光文，先後在羅漢門（今高雄縣內門鄉）、目加溜灣（今台南縣善化鎮）等地落腳。為了謀生，沈光文除了為人看診治病，也開始拾起課本、招收學生傳授漢學。由於他棲身的地方多是平埔族的活動地區，因此他也招收平埔族孩童為學生。當時隨著鄭氏政權來台的大陸知識分子，雖然也有部分人士從事漢學教育，但多侷限在教導權貴顯要子弟；像沈光文如此深入於尋常百姓、原住民部落內，以傳授漢學為生的人，可說是絕無僅有。正因為他將漢學教育帶入台灣的平民階層，才讓沈光文贏得「台灣孔子」的美譽。這段時期，由於沈光文和當地民眾長時間相處，因此相當熟悉平埔族的風俗、物產，他的詩作也有著濃濃的台灣味，如：

枝頭儼若掛疏星，此地何堪比洞庭。除是番兒尋得到，滿筐攜出小金鈴。〈番橘〉

稱名頗似足誇人，不是中原大谷珍。端為上林栽未得，只應海島做安身。〈釋迦果〉

台灣第一文人

清帝國拿下台灣之後，為了拉攏人心，沈光文成了新政府極力攏絡的對象，福建總督姚啟聖曾寫信稱讚他的高風亮節，並派人招撫他為清政府效力，卻都被沈光文拒絕；雖然姚啟聖也曾想協助他返回故鄉浙江，但這事也因姚啟聖因病過世而不了了之。

◎沈光文墨跡（右圖）。

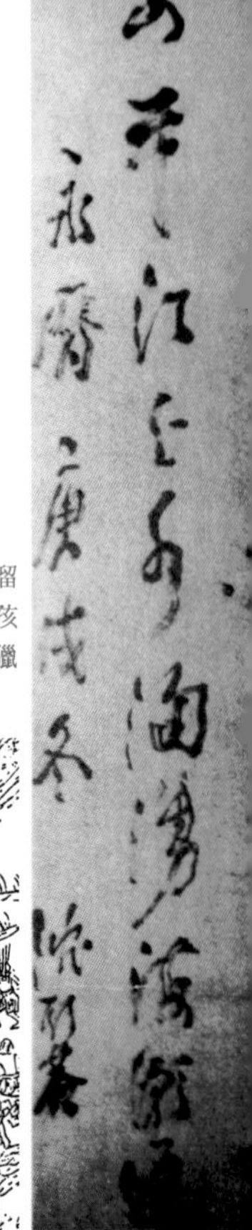

◎沈光文逃亡羅漢門、目加溜灣等地，並教育平埔族孩童，此圖為平埔族上山打獵的情況。

文開書院
—鹿港文化的搖籃

十九世紀初，鹿港海防同知鄧傳安有感於鹿港當地推行教育的環境已逐漸成熟，卻沒有一座較具規模的學校，於是與當地「八郊」（郊，類今商業同業公會）向清政府建議在當地興建書院，供學生就學。政府奏准後，書院於1827年落成，並命名為「文開書院」，以紀念將漢學教育傳入台灣的沈光文。

文開書院成立之後，延聘蔡德芳等台灣名儒擔任教職，並購入了三十餘萬冊藏書供學生閱讀。在地方人士大力支持下，文開書院成為鹿港教育的發源地，同時具有祭祀、講學和居住的功能。日治時期，積極打壓漢學的日本人在鹿港設立公學校，書院的講學活動被迫停止。光復後，失去教育功能的文開書院日漸殘破，1975年的大火，更將書院幾乎焚毀殆盡。直到1984年，政府將形同廢墟的文開書院重修完成，才還與它如今的樣貌。

1685年，沈光文與台灣當地官員及少數僅存的明室遺老共組詩社「東吟社」，在這片土地上散播漢文化的種籽。「東吟社」定期集會作詩，並發行吟唱詩集《福台新詠》，成為台灣詩社的肇始；他們將懷鄉之情和亡國之痛吐露於文章詩賦中，這樣「春秋亡而後詩作」的精神，同時也確立了台灣古典文學在詩社內發聲的傳統，並影響了後來台灣的詩社。

雖然身為前朝遺老，但沈光文卻以他的所作所為贏得尊崇，如當時的諸羅知縣季麒光便對他極為禮遇，不但接濟沈光文的飲食，還時常親身探問他的生活，並推崇他：「從來台灣無人也，斯菴來而始有人矣；台灣無文也，斯菴來而始有文矣。」只是，再多的崇敬也無法撫慰一個離鄉失國的老人。不久後，沈光文便在這座海外孤島上默默死去，安葬於善化里東堡（今台南善化鎮）。

身為來到台灣的第一位漢人文士，沈光文對台灣島上漢文化的傳播有著極其重要的貢獻。十七世紀中葉隨著鄭家來台的大陸知識分子，其中並不乏賢才良士，但他們多在漢人圈子裡活動和傳授知識；沈光文雖因失意而隱入羅漢門、目加溜灣，但他傳授漢學的範圍卻深入平民百姓甚至原住民，漢學教育因此得以在台灣萌芽。此外，沈光文的詩文雖然多是抒發自己的窮困境遇或感傷情懷，卻寫下台灣當地的風土民情，遺留下的作品也因此成為台灣文學上重要的文獻；東吟社的成立，更開闢了一塊田地，讓台灣古典文學能透過詩社發聲。種種貢獻，也難怪沈光文會被後代譽為「海東文獻初祖」、「台灣孔子」及「台灣文化初祖」了。

三十年生長、教養、成聚　陳永華

台灣三百年間，吏才不少，而能立長治之策者，厥為兩人：曰陳參軍永華，曰劉巡撫銘傳……永華以王佐之才，當艱危之局，其行事若諸葛武侯！

——連横·《台灣通史》

十七世紀中葉，原本定居在大陸東北的滿人打進了山海關、建立清帝國，失去國家的明朝皇室、臣子紛紛逃竄到南方，分別組織了好幾個臨時政府或武裝部隊對抗清軍，等待重建明帝國的時機。其中聲勢最為浩大的，便是以廈門為根據地的「國姓爺」鄭成功，擁有大批海上艦隊的鄭成功，是不善海戰的滿人最頭疼的敵人。

然而忌憚鄭成功的不只是滿人，對於佔有台灣的荷蘭人而言，鄭成功更是他們深深畏懼的海上惡魔，他們擔心一旦鄭成功在大陸的根據地失守後，在退無可退的情況下會前來攻占台灣。不幸的是，這個情形果真被荷蘭人料中了！

自從鄭成功在1659年進攻南京的戰爭中被滿人打敗後，位於廈門一帶的根據地便不斷遭受清帝國軍隊的攻擊，情況危及到迫使他不得不考慮另尋一個安全的根據地。深思熟慮的鄭成功，開始將目光放到了台灣，幾番衡量下，他在幾年後渡海發動了攻台戰爭，由荷蘭人手中拿下台灣的統治權。

不過，打下台灣的鄭成功不久便因為操勞過度而去世，無法親手打造他心目中的反清基

◎ 荷蘭士兵所用的頭盔。

◎ 陳永華像。

地；而繼起的兒子鄭經，由於忙著張羅鄭家的反清大業，因而將台灣的經營權放手交給父親留下的智多星——陳永華，由他主持台灣的建設。台灣的漢人文化教育，也就在這位「台灣諸葛」的手中，逐漸開展起來。

台灣諸葛

早年鄭成功崛起時，為了加強自己反清的實力，不斷四處尋找才能出眾的人才作為左右手。知道他求才若渴的情況，與他熟識的兵部侍郎（今國防部副部長）王忠孝在某一天帶著一名年紀不過二十出頭的年輕小伙子登門造訪，將這位年輕人引介給鄭成功。

◎ 荷蘭降鄭圖。

雖然有王忠孝的大力推舉，但生性謹慎的鄭成功仍是半信半疑，為了測試這個名叫「復甫」的年輕人，鄭成功試探性地與他討論起天下大勢。令他驚喜的是，對方竟然能侃侃而談、切中要害，連本身天縱英才的鄭成功也不禁佩服萬分，對復甫大為讚嘆：「復甫今之臥龍（諸葛亮的別名）也！」並立刻延攬他為自己出策效力。這位被鄭成功讚為「今之臥龍」的年輕人，就是日後成為鄭成功首席軍師的陳永華，他不但輔佐鄭成功、鄭經兩代，功勞甚鉅，更是鄭家王朝經營台灣的靈魂人物。

陳永華，字復甫，父親是曾被鄭成功派任教諭一職（今教育局長）的陳鼎。陳永華自小生長在書香世家，在父親嚴格的教導下，從小就開始接觸各個領域的學問，從政治、軍事、醫學到天文地理，無不是他鑽研的對象。這樣的教育，讓陳永華有了超乎同齡青年的博學。

剛開始輔佐鄭成功的陳永華，年紀僅二十餘歲，個性沈穩而不多話的他，給予人一種少年老成的可靠印象。日後在鄭成功的提拔下，縱然陳永華逐漸擔任鄭家王朝的重要官職，但他平時仍過著節儉的生活，與一般的士兵、平民無異，其樸實可親的性格加上過人的智慧，讓他成為鄭成功倚重的策士。

雖然陳永華不善於言談，但在眾人面前討論時局形勢時，卻能夠暢談無礙、一針見血；面對突發狀況而需下決策時，他也總是能提出自己獨到而完善的觀點，不受別人的意見左右。在鄭成功計畫領軍北征清帝國時，陣營中有許多人都認為清軍實力過強、己方勝算極低，不利出兵，唯有陳永華獨排眾議，認為鄭成功師出有名，可以號召其他的反清勢力一同加入。鄭成功因此大受鼓勵決意北伐，並派他留守廈門輔佐兒子鄭經，同時告訴鄭經：「陳先生當世名士，吾遺以佐汝，汝其師事之。」

然而鄭成功的北伐計畫，卻因為他自己的輕敵而功敗垂成。為了重振勢力，鄭成功決定渡海來台，經過九個月苦戰後，終於在1662年擊退荷蘭人，如願拿下台灣作為反清根據地；然而，永曆皇帝遇難的消息、長子鄭經發生婚外情的醜聞接連傳來，讓鄭成功打擊甚深，同年便因積勞成疾而與世長辭。爾後鄭經趕到台灣接續父親志業，成為鄭家領袖。為了指揮反清行動，鄭經不得不長期滯留前線廈門，因此台灣的政事幾乎都交由陳永華打理。

陳永華扛下經營台灣的重任後，積極規劃一連串的治理方針，如：實施軍屯制，將休兵備戰的軍隊駐紮耕田，以增加糧食生產；教導民眾引海水晒鹽供自用，種甘蔗榨糖供外銷，以增加政府稅收；設窯燒磚供民眾改建房屋，改善居住品質。陳永華先使台灣本土的民生物資不虞匱乏，再將漢人的行政體系引入台灣，逐步建立台灣

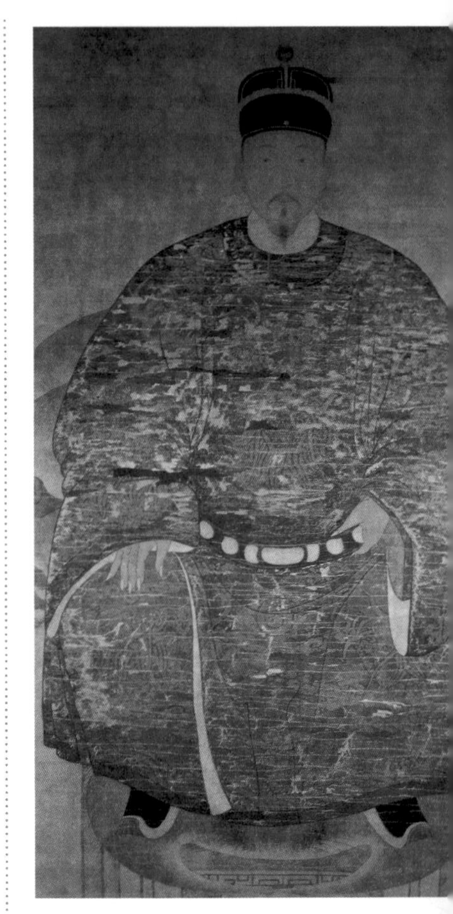

◎ 非常器重陳永華的鄭成功。

的政治制度，並在地方實施里甲互保、確保地方治安，使民眾能安居樂業。陳永華對於台灣的發展建設居功厥偉，因此後人多引用鄭成功對他的讚譽，尊稱陳永華為「台灣諸葛」。

全台首學

逐步完成台灣基礎建設的陳永華認為：台灣沃野千里、民風純樸，若是能挑選人才加以栽培，並以這些人才治理國政，經過一段時間的休養生息，國力一定可以趕上中國大陸。於是在台灣局勢大致抵定、制度粗具規模之後，他向鄭經提出發展教育事業的意見。由於台灣初定，不論政府稅收、地方治安或軍隊武力都還不穩定，鄭經以台灣「地方偈促、人民稀少」為由，暫緩陳永華的興學建議；但陳永華仍鍥而不捨的遊說鄭經：「昔成湯以百里而王、文王以七十里而興，豈關地方廣闊？實在國君好賢，能求人材以相佐理耳。……十年生長、十年教養、十年成聚，三十年真可與中原相甲矣……庶國有賢士，邦本自固；而世運日昌矣。」

陳永華深寓遠見的一番話打動了鄭經，並且採納了他的意見，將興學事宜全權交託給他。於是，陳永華便開始規劃一套完整的教育制度，好培育、拔擢台灣當地的人才，同時在府城建起台灣第一座孔廟，作為政府決心推行教育事業的象徵。

1666年，陳永華期待已久的孔廟終於落成。為了慎重其事，陳永華特地請鄭經擔任祭孔大典的主祭官，這是台灣有史以來第一次舉行的祭孔大典。莊嚴肅穆的典禮，吸引了許多官兵、人民前來觀禮，一同見證台灣教育史上新時代的到來。

新落成的孔廟，在當時名為「先師聖廟」。不過，孔廟並不只是

◎ 被後人尊稱為台灣諸葛的陳永華替鄭氏經營台灣，居功厥偉。

供奉孔子神位的廟宇而已，在孔廟左側，還站立著一棟建築，這裡便是當時台灣的最高學府「太學」。太學是鄭家王朝在台統治期間設立的官立（公立）教育單位，也是政府培育人才和官吏的重要機構。於是，陳永華的教育宏圖，即以孔廟及太學為核心，開始在台灣正式運作。

教育體系的建立

當孔廟和太學落成後，陳永華便親自主持起太學的運作，並且想方設法，聘請居留大陸的名儒來台教課。此外，陳永華還建立起一套自上而下完整的教育體系：除了中央的太學，他依各個地方政府的層級，分別設立「府學」、「州學」，以及最基層的「社學」。陳永華規定：凡滿八歲的漢人兒童，都必須進入社學就讀；願意入學的原住民兒童，父母親還可以得到免除勞動服務的優待。各級學校所教授的教材，都是儒學體系中的四書五經、史書、文章等，學校的學生可以藉由參加政府定期舉辦的考試，通過考核進入較高層級的學校繼續深造，直到進入最高學府——太學。進入太學深造的學生，學費由政府全額負擔，同時只要經過一定修業年限，學生就可以參加政府三年舉行一次的國家考試，通過後便可進入公家單位出任官職，成為日後國家的重要棟樑。

在陳永華的大力推行下，於中原施行近千年的儒學教育體系，逐漸在台灣建立起來。更重要的是，在這波陳永華主導的教育風潮中，漢文化在台灣的主體地位從此確定，漢人也逐漸走上台灣的歷史舞台，不再像過去荷蘭統治時期，只是荷蘭人賴以開發台灣、抽人頭稅的苦力。

◎ 陳永華在台灣建立了一套由上至下完整的教育和文官體制。

◎ 光是基礎建設是不夠的，於是陳永華說服鄭經蓋孔廟，為教育奠基。

文教的啟蒙

1674年，吳三桂起兵反清，清帝國內部爆發規模最大的內亂——三藩之亂。鄭經認為這是實現反清復明理想的大好時機，因此率軍渡海，與吳三桂等人一同攻打清帝國；至於後方基地台灣，他則全權交由長子鄭克壓代為管理，並指定陳永華協助鄭克壓。

不幸的是，遠征清帝國一敗塗地，鄭經也從此心灰意冷、不理朝政，將國家大事全權交給兒子及陳永華辦理。這樣的結果，引起另一位重臣馮錫範的不安，因而設計讓陳永華自請引退。陳永華引退後，由於氣憤難平加上憂心朝政，最後鬱抑成疾，病逝於自宅。雖然事後鄭經親臨弔喪，卻已經難以挽回這位智多星的生命了。

陳永華病逝的消息傳至清政府後，翰林學士李光地還特地向康熙皇帝祝賀：「台灣未可卒圖者，實永華經營有方，今天心厭亂，使之殞命，從此亡可立待。」可見陳永華在鄭家王朝中地位的重要，以及清帝國君臣對他的戒懼。沒過多久，接連失去陳永華、鄭經及鄭克壓的鄭家王朝，由於少主鄭克塽即位、朝中政局不穩，再加上施琅率領大軍攻台，無力反抗的鄭克塽只能帶領眾臣投降清帝國。

連橫在《台灣通史》中稱讚陳永華：「台

◎ 陳永華墨跡。

看得見的陳永華

陳永華雖然已是數百年前的歷史人物，但時至今日，在台灣一些地方仍看得到與他有關的一些足跡。台南市府前路上，位於孔廟對面的巷子裡有一間喚作「永華宮」廟宇，是當地民眾為了祀奉廣澤尊王而建的；有趣的是，廟宇二樓卻供奉陳永華的神像。原來是當地民眾因為感沐陳永華的恩澤，因此偷偷在永華宮一隅供奉他的雕像。希望無論經過多久，後代子孫都能認識並尊敬這位為台灣帶來進步的人物。

此外，在今台南縣柳營鄉果毅村附近，還有一座陳永華墓。當年陳永華過世後，與他的夫人一起合葬於此；但是清政府接收台灣後，為了避免台灣民眾藉鄭成功一家人的名義造反，因此將鄭家成員的遺骨都還回福建泉州，而身為鄭家王朝重臣的陳永華也不例外，因此現存的墓只是一座空塚。

灣三百年間，吏才不少，而能立長治之策者，厥為兩人：曰陳參軍永華，曰劉巡撫銘傳……永華以王佐之才，當艱危之局，其行事若諸葛武侯！」或許對史家而言，陳永華的功績是在艱鉅危難的局勢中，仍能發揮其政治長才，輔佐鄭家王朝與清廷對抗，因而稱他「職兼將相」。但對台灣民眾而言，陳永華最大的功績是他在發展台灣社會經濟的同時，能夠立孔廟、興儒學，創辦台灣的教育事業，將自荷蘭人離開台灣後廢耕多時的教育荒地，重新墾拓成良田美地，讓漢文化的種子得以在台灣發芽茁壯。雖然更早之前來台的沈光文，對台灣的文教同樣有著開創的功勞，但是單憑個人的力量，要對整個社會發生影響是有其困難的。若非有陳永華藉著鄭家治理台灣之便，在台灣推展文教建設，台灣文化教育的發展，恐怕要更晚才能開始！

◎ 延平郡王祠亦供奉有陳永華之牌位。

◎ 陳永華對台灣的最大功績，在於讓漢文化的種子在這個島嶼上成長茁壯。

孔 廟

傳統漢學文教中心

◎ 孔子是所有老師的精神指標，此為台北縣樹林國小的孔子像。

◎ 台南孔廟為台灣第一座孔廟，『全臺首學』的匾額，一再地顯示這裡是文化發祥地。

孔子是中國歷史上有名的思想家和教育家，他將原本侷限於貴族的教育釋放到平民百姓，並有系統地整理過去的知識體系，因此不僅被尊為儒學的創始人，同時也是後世所有老師的精神導師。

孔子死後的第二年，魯哀公便將孔子故居改成祭祀孔子的廟堂，屋中收藏他的衣冠琴書等物品作為紀念。當時全中國僅有一座家祠性質的曲阜孔廟，但到了唐代，由於政府對孔子及儒學的推崇，所以開始明文規定：各地方官立學校必須在校舍一旁興建孔廟，定期舉行祭祀孔子的儀式，而「廟學制」也開始確立。

廟學制是中國傳統學校建築中的一個重要特色，指的是在學校週邊設置孔廟，並於其中定期舉行祭祀孔子的釋奠禮儀。「廟」是祭祀空間的孔廟，「學」則是教育空間的官立學校；其精神最早可追溯到周代，當時專門教導貴族子弟的學校，會在校內定期舉行祭祀先師的祭典，此時「先師」是指教育學生有成或學有專精的讀書人，並不限定於孔子，但隨著後人對孔子的重視，孔子成為老師的最佳代言人，而祭祀先師的釋奠禮儀，也轉變為專祀孔子的祭典。

從學校建築觀之，隨著時代演進，原本單純的「廟學並立」建築，也開始增添一些新元素：原本僅是祭祀孔子的孔廟，隨著增祀孔子學生、後世學者及孔子祖先等人物，於是出現了東、西廡及崇聖祠。學校方面，除了教室明倫堂外，也增加了庇祐學生課業進步的文昌閣或魁星樓。這些豐富的建築體，構成後世孔廟的面貌。

以台灣歷史最悠久的台南孔廟為例，最重要的祭祀空間是供奉孔子的大成殿、供奉後世學者的東西廡及專祀孔子祖先的崇聖祠；與學校教育有關的建築，則有作為教室的明倫堂，以及祭祀文昌帝君、魁星的文昌閣。至於周邊的附屬建物，如：泮池、大成坊、禮門義路及大成門等，都隱含著強調孔子崇高地位的特殊意義。

士先論品後論文 陳維英

陳維英以一介儒生，為鄉里興業、培育良才，造就了大龍峒「秀才窩」的美譽，也成就了自己北台文宗的地位。或許名留青史非他投身教育的本意，但「老師府」的傳奇將永遠流傳在大龍峒人們的心中。

身為明代遺臣的鄭家王朝，在末代繼承者鄭克塽投降清政府之後，正式結束了在台灣僅僅二十三年的統治。而緊接之後治理台灣的清政府，雖然態度不如鄭家積極，但長達兩百餘年的經營，還是讓台灣社會有了重大改變。大批移入的漢人，成為台灣島上最龐大的族群，原本大陸原鄉的風土民情，也隨著移民的湧入成為台灣普遍的生活習俗。

為了加強對台灣的統治，清政府在接收台灣後，也帶入了施行於中國多年的科舉考試制度，除了希望以教育提升人民的知識水準之外，同時也能以參加科舉考試帶來的高官厚祿來攏絡民心。在科舉制度的推行之下，台灣各地開始出現了各種不同性質的學校：除了由政府設置的官立學校，地方還有著由私人創辦的義學、私塾及書院，向民眾傳授知識。這些私人的教育機構，有些是由地方人士出資創辦的，供貧困的兒童免費就讀，有些則是以酌收費用的方式對外招收學生。

在官立學校之外，這些非官方體制的書院、私塾，是當時台灣民眾最重要的教育機構，而許多有心從事教育工作的台灣人，也都在此將畢生心血奉獻給台灣的子弟們。十九世紀中葉活躍於台北大龍峒的陳維英，就是以書院為據點，開啟了大龍峒的文教風氣。

◎ 陳維英以書院教育的方式，開啟大龍峒的文教風氣。

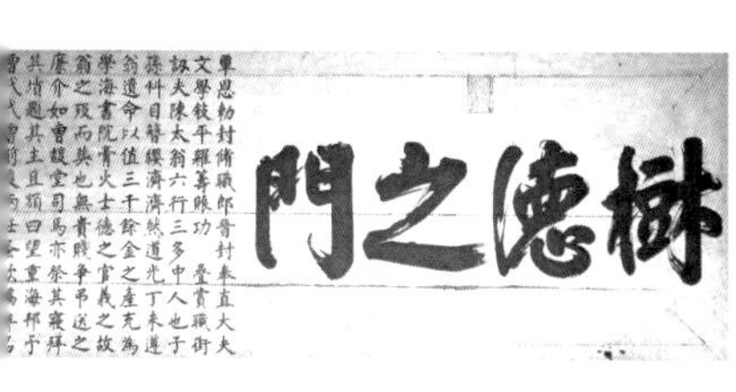

◎老師府「樹德之門」的匾額。

大龍峒　老師府

在台北市人來人往、車水馬龍的延平北路上，一座外觀接近頹圮破敗的老宅在路旁默立著；但走進宅院，便會發現廳堂牆上高高懸著三塊「文魁」大匾及一面「孝廉方正」匾額，隱隱透露著老宅院不尋常的過往。老宅院有著自己的名字——陳悅記祖厝，但大龍峒人會親切地喚它「老師府」，因為這裡曾居住著化育英才無數、被大龍峒人尊稱為「老師」的北台灣第一名儒——陳維英。

栽培出陳維英的陳氏家族，是大龍峒地區的富商世家。開台祖陳文瀾是陳維英的祖父，原本是來自福建的醫生，應同鄉親戚的邀請來台行醫，後來便定居台灣。陳家第二代陳遜言，靠著經營大陸、台灣兩岸的航運貿易致富，因為開設的商號名為「悅記」，因此「陳悅記」便成為陳氏家族的代稱。經商致富後，陳遜言在台北大龍峒的一角建起了大宅院，作為陳氏家族安居樂業的住所，也就是現在的陳悅記祖厝。

也許因為自己長年從商，無暇讀書參加科舉考試、獲得一官半職，因此陳遜言全力栽培子孫讀書。在他的五位兒子中，就有三位參加科舉考試獲得功名，陳維英便是其中之一。

有「膏」的台灣蟳

陳維英，字實之，號迂谷，1811年出生在台北大龍峒。陳維英自年輕時，便苦心鑽研學問，與他的大哥陳維藻同樣都是學堂裡的風雲人物。多年的苦讀，讓陳維英的博學名聲漸漸傳了開來，雖然陳維英還沒有在科舉考試裡獲得很好的成就，但鄉里間拜他為師、求教進修的人甚多；不久，連遠在海峽對岸的福建福州府，都知道台灣有位學問極好的陳維英，特地來台聘請陳維英到福州擔任教諭（縣學校長，似今縣教育局長）。

1845年，陳維英帶著他的姪子兼首席弟子陳樹藍，以及學生張書紳到福州就任，成為福建首位台籍教諭。剛開始時，由於陳維英只是個秀才，加上福建人向來視台灣為文化落後的地區，因此福州的讀書人對這位來自台灣的教諭根本不看在眼裡，當地更流傳起「台灣蟳無膏」的笑語，以嘲諷來自台灣的師徒三人。不過陳維英笑罵由人，他以實際作為打破福州人的疑慮，陳維英到學署就任之後，一夜之間便將署中所有對聯全部更新，他所表現出的卓越文采及學識，當場便令所有人都為之折服。

陳維英不但在題字寫文上展現他的文學修養，在教育行政上，更展現出他的教學能力，他也極度重視士子的品德培養，曾捐出薪水重修閩縣節孝祠，藉此向當地民眾強調人格修養的重要。陳維英的種種舉措、政績都令福建人敬佩萬分，最後他們不得不承認：從台灣來的螃蟹是有「膏」的。

五步一秀，十步一舉

由於陳維英在福建的政績卓越、做人處事令人稱道，因此在1851年時，他以品行端良的條件被政府授與「孝廉方正」的名銜。更令人興奮的是，八年後陳維英參加科舉考試，竟然獲得舉人名銜！而陳家兄弟二人先後中舉一事，也因此成為大龍峒的美談。在閩縣教諭任滿之後，陳維英轉任為北京中央政府的內閣中書，直到1860年才辭官回到台北。

回鄉後的陳維英，開始在大龍峒招收學生、教人讀書。早在1853

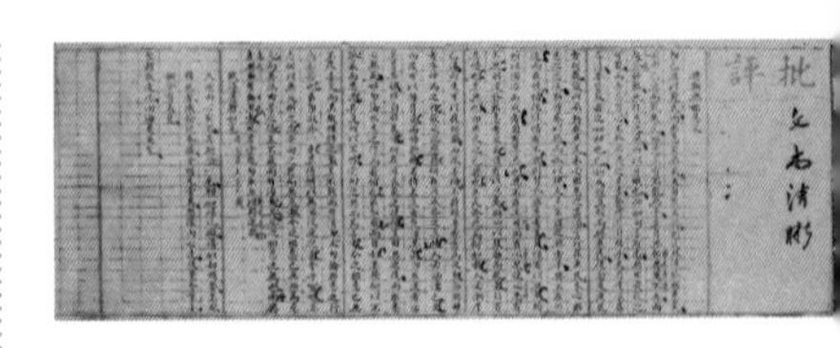

◎ 學海書院之試卷，上頭還有老師對學生文章的批評。

◎ 在漢文化中，教育制度和文官體制有著密不可分的關係（右圖）。

◎ 大龍峒保安宮曾是陳維英教育子弟之處。

年，尚在福建的他便與鄉人在大龍峒保安宮內創設「樹人書院」，教育大龍峒子弟。回鄉後，他更是繼承父親推廣教育的善舉，親自當起老師來。在他的教導下，許多學生參加科舉考試都得到好成績，大龍峒地區「五步一秀，十步一舉」的名聲因此不脛而走，當地的教育水準也因此獲得大大的提升。

認為「士先論品後論文」（讀書人應先重視個人品格，其次才是精進學識）的陳維英，也以此為他教育學生的中心思想。由於經他指導而考上舉人、秀才的學生不下數十人，加上他對鄉里的貢獻贏得民眾的推崇，因此人人都尊稱他為「老師」；此時他居住的祖厝，也就被眾人稱為「老師府」。時至今日，在陳悅記祖厝內的楹柱上，仍留有出自陳維英及他的從業弟子之手的對聯。

除此之外，陳維英也曾經先後在北台灣各地的知名書院從事教育工作，包括：台北學海書院、宜蘭仰山書院及新竹明志書院等。由於他在學海、仰山書院內是擔任書院的山長（校長），而這兩所書院又是當時北台灣最重要的教育機構，因此可以說當時北台灣大多數的知識分子都是由他一手栽培出來。

陳維英不僅是造福鄉里的教育家，同時也是知名的文學大家，名列「淡水五子」之首，是清代北台灣詩人中的代表。陳維英的詩被後世稱讚為「摒卻富麗濃豔之詩句，趨向清新淡雅一途」，詩的主題頗為廣泛，一般民眾的日常生活、人情事故都是他寫作的題材，但其用字淺顯簡白，並不艱深難懂。因為陳維英寫詩「只求老嫗能解」，淺白的文字中蘊含深刻的事理，讀者自能體會。

除了作詩之外，陳維英也撰述文章、議論時事，並有個人作品集《鄉黨質疑》、《偷閒集》，可惜的是這些作品集都沒有出版成書。

由於陳維英為一代文宗，鄉里民眾總愛找他題字，因此他的詩聯、手筆遍及北台灣各廟宇。晚年的陳維英在圓山劍潭旁建了一座別莊，取名為「太古巢」，有回歸太古無憂之世的寓意，他隱居其中直到1869年去世，享年五十九歲。

一門三舉

1873年，陳維英的姪子陳樹藍參加科舉榮獲舉人名銜，一時間陳氏家族「一門三舉人」的響亮記錄轟動整個北台灣。在過去，一個家族要栽培出一位舉人已是不容易的事，更何況是三位舉人？如此罕見的榮耀，讓大龍峒陳家成了眾所皆知的書香世家。

在清治時期，考中舉人名銜的家族，都會在門楣處掛上政府頒贈的「文魁」牌匾，並且可以在宅院前立起一對旗竿，向眾人宣示這難得的榮耀。陳家出了三位舉人，宅內自然就高高掛起三面文魁牌匾，而聳立在宅院外的高大旗竿，就成了大龍峒地區最顯眼的地標。可惜的是，這些舉人旗竿在歷經歲月、風雨的摧殘後，目前僅存一對石雕旗竿立在老師府前，其他的木製旗竿早已消失不見了。

陳維英以一介儒生，為鄉里興學、培育良才，造就了大龍峒「秀才窩」的美譽，也成就了自己北台文宗的地位，或許名留青史並非他投身教育的本意，但「老師府」的傳奇卻永遠流傳在大龍峒人們的心中。如今，「數十年克儉克勤，祖宗創業；第一等不仁不義，兄弟爭田」這陳維英所撰，刻鐫在老師府大廳中的楹聯中，當年他欲留訓子孫的金玉良言，歷經百年風霜，依然留在堂前提警著後人。

◎代表榮耀的舉人石雕旗竿，仍挺立守護著老師府。

書院教育

民間主要教育機構

◎ 書院教育是清代台灣重要的民間教育機構。

◎ 昔日的民間教育機構，如今往往是考生祈求考中理想學校之處。

◎ 書院教育曾經在傳播知識、承傳漢學和民族意識上有相當的影響力。

書院和官學（官立學校）雖然同樣具有教育功能，但官學主要在培育政府官吏，而私人設立的書院，則以傳授知識、學術研究為主。當台灣施行科舉制度後，官學與書院是同時並存於台灣教育界的。

「書院」一詞發端於中國八世紀的集賢殿書院，不過當時負責典藏、修纂皇家書籍的書院比較像是現今的圖書館。當戰亂發生、政府無法維繫天下秩序的時候，私人創辦的書院於民間出現，其典藏書籍、私人講學的功能，讓它在官學因政府無力經營而廢弛時，逐漸成為教育的殿堂，宋明期間的書院甚至還曾超越官學的地位，成為民間的教育、學術中心。不過，後來講學自由的學院曾因批評政府而被取締，加上科舉制度的興盛，讓許多知識分子無心研究學問，反而苦讀科舉考試的科目，許多書院為了招攬學生也開始教授這些科目，漸漸成為科舉考試的「補習班」。

台灣最早出現的書院，是1683年施琅創設的西定坊書院，但其體制尚未完備；直到1704年，臺灣第一座體制完善的書院——崇文書院——才正式成立。此後，臺灣民間各地的書院教育逐漸發展成熟。在教育功能上，書院負起了「興賢育才」的任務，在學術精神上，則承襲了宋明時代的儒學，強調學生品格的修養。

書院通常是正月入學，十二月初休業。教學活動有講書和課考二大重點：講書在講堂進行，由老師針對課文進行講解，此外的時間則由學生自習，有疑問可以向山長（校長）求教；課考則是每個月進行，用以評定學生學習成果的優劣。

從私人書院畢業的學生沒有任何學位，無法擁有參加科舉考試的和進入政府任官的機會。雖然書院在日後淪為科舉考試的補習班，但從講學自由的部分來看，書院可以向一般民眾傳播知識，又能讓知識分子潛心研究學問，是清代台灣相當重要的民間教育機構。即使日治時期書院教育仍為台灣人保留了漢學傳承及民族意識，有著不可抹滅的影響力。

左手聖經右手教育 馬偕 George Leslie Mackay

我舉目向北向南，然後向內陸遙望青翠的山嶺，心靈非常的滿足，心神安寧且清靜，有一股明確的聲音對著我說：「此地就是了。」而同行的李庥牧師也同時對我說：「馬偕，這就是你宣教的地方了。」

十五世紀末，由哥倫布領航的地理大發現，讓歐陸國家踏上了前所未見的新土地。接下來的幾個世紀，舊一代的西班牙、葡萄牙、荷蘭及新一代的英國、法國、德國……這些活躍於不同時期的殖民主義國家，為著各自的經濟利益、政治權威和宗教使命，熱衷於建立殖民地的事業上。到了十九世紀，歐洲先進國家的殖民發展已經擴張到世界大部分國家的領土上，尚未被染指的地區，也隨時籠罩在他們的陰影下；在殖民主義風潮的蔓延下，後起的俄國和日本，也都加入這場殖民競賽的行列。

正當西方國家在全球大肆擴張殖民地、進行經濟侵略的同時，教會也紛紛派出傳教士，前往殖民地傳播福音。雖然教會挾帶著帝國主義的威逼來到世界各地傳教，但他們為了傳教而帶來的先進醫療和教育，卻也同時影響了殖民地的文明生活。十九世紀晚期，一位牧師踏上了淡水，從此滯留於台灣達三十餘年的時間，這位牧師不只是台灣北部基督長老教會的創辦者，同時也是北台灣醫療和教育的先驅，他，就是馬偕博士。

◎1972年馬偕進入北台灣，引入了西式教育，在醫療上也相當有貢獻。

從加拿大到淡水

喬治・勒斯萊・馬偕（George Leslie Mackay），1844年3月21日出生於

這位牧師不只是台灣北部基
台灣醫療和教育的先驅。

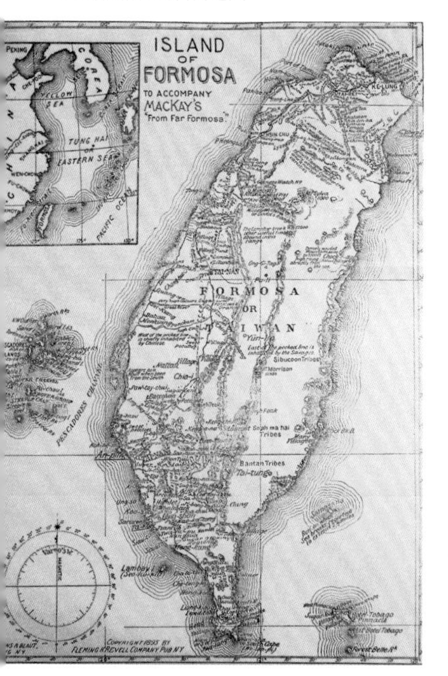

◎ 馬偕繪製的台灣地圖。

加拿大安大略省牛津郡柔拉村。馬偕的父母親原是蘇格蘭人，在1830年移居至加拿大拓荒。馬偕全家人都是虔誠的基督教徒，當父母帶著一家大小在蠻荒新天地奮鬥時，宗教是支持他們克服困難的重要支柱。這樣的成長環境，讓馬偕日後常以自己身上流著拓荒者與十字架鬥士的血來自勉。

年紀還小的馬偕，因為聽了旁人敘述的傳教士事蹟，激起他前往異國傳教的情懷，再加上《馬可福音》裡的一句「你們要往普天下去傳福音給萬民聽」，讓他從小便立志成為一個傳教士。二十二歲時，馬偕進入多倫多大學和諾士神學院深造，並於隔年轉入美國普林斯敦神學院。1870年畢業回國後，馬偕即刻向海外宣道會申請成為海外傳教士，在等待回覆期間，他還回到自己的原鄉——蘇格蘭愛丁堡神學院繼續深造。

經過了九個月的漫長等待，馬偕終於接到加拿大長老會總會的通知，他獲准成為海外傳教士，並被指定前往中國傳教。1871年10月19日，馬偕離開了家鄉。長達兩個多月的旅程裡，馬偕一路經過日本、香港、廣東及廈門，最後他終於在12月30日抵達台灣的打狗（今高雄）。其實，渡過台灣海峽來到台灣，並不是馬偕的原訂計畫，不過如同他日記裡的自述：「這好像有一條無形的線，牽引我到這美麗之島去的。」對馬偕來說，既然來了，那就一切順從神的旨意吧！

在打狗稍事停留之後，馬偕前往阿里港（今屏東里港）拜訪李麻牧師（Rev. Hugh Ritchie），除了向這位前輩學習閩南語，他還從李麻口中得知台灣北部人口雖多，卻少有傳教士前往。在傳教熱情的驅使下，馬偕就這麼決定了他接下來的目的地。1872年3月9日下午，馬偕搭乘的「海龍號」帆船駛入淡水河口。事後馬偕在日記裡這麼寫著：

我舉目向北向南，然後向內陸遙望青翠的山嶺，心靈非常的滿足，心神安寧且清靜，有一股明確的聲音對著我說：「此地就是了。」而同行的李麻牧師也同時對我說：「馬偕，這就是你宣教的地方了。」

邊傳教邊拔牙

下了船，馬偕陪同李麻牧師南下到大社（今台中豐原）視察，並且在過程中考察自己將來要進行傳教的地區。與李麻牧師在大社辭別後，馬偕決定回到淡水並在當地租了一間房子，作為日後傳教的據點。為了讓自己能更流利地與當地民眾溝通、傳教，馬偕就近找了一位牧童，每天與他練習用閩南語對談。過了五個月，馬偕終於站上講台，開始嘗試用閩南語向淡水民眾傳教。

雖然傳教的過程中，有人譏笑、侮辱馬偕，但也有人洗耳恭聽；1873年1月9日，馬偕為五位信徒施行洗禮，他在北台灣的傳教事業也終於踏出成功的第一步。不過，這並不意味著馬偕此後便一帆風順，傳教過程中他屢遭仇外民眾丟擲雞蛋、糞便、石頭，甚至以拆毀教堂的激烈手段來抵制傳教，但這都打不倒他的堅定決心；相反地，他溫和、包容而毫不退縮的態度，往往令這些抵制的民眾錯愕不已，最後心悅誠服。

◎一手執鉗、一手抱聖經，是馬偕宣教的重要標誌。

◎淡水河的寧靜舊風光（上圖）。

◎ 起初約八年的時間，馬偕都是以野地教學的方式教導學生（下圖）。

為了吸引民眾前來聽道，馬偕想出為聽道民眾免費醫療的方法。馬偕雖然不是真正的醫生，但曾在神學院受過醫學訓練的他，仍能為民眾進行治療。他曾贈送民眾治療虐疾的特效藥——奎寧（又稱金雞納霜），同時替有牙疾的人拔牙；在馬偕日後的自述中提到，在台傳教二十餘年，他一共為人拔了二萬一千多顆牙齒。

此外，馬偕同時也帶進西方公共衛生的觀念，鼓勵人民除雜草、清水溝，以預防傳染病的流行。在進行醫療傳教的同時，馬偕為台灣大量引進的醫療資訊，讓台灣人民得以開始接觸西方文明的新知識；而1879年「滬尾偕醫館」的成立，更直接造福了淡水當地的民眾。

露天到學堂

為解決傳教人員的不足，馬偕開始在台灣就地培訓起傳教人員。不過受限於經費、人力，馬偕進行的教育培訓相當克難：白天他帶著學生在大榕樹下坐著，帶著學生朗誦聖經，並抽測學生的學習成果；到了夜晚，他的住宅就成了教室，由他為學生解釋聖經內容。

馬偕講課的地點並不固定，有時在海邊沙灘、有時在山坡小丘；在巡迴傳道的旅途中，他也隨時就地授課，為學生進行機會教育。這種如同孔子周遊列國時的「露天教育」雖然克難，實際上卻有著相當良好的教學效果。直到馬偕1880年返回加拿大述職為止的八年時間內，他以這種方式培育出二十多位學生，這些學生有的成為前往各地傳遞福音的人員，有的則成為協助管理教會的人手。這樣「在大榕樹下，蒼天為屋頂」的露天教育，雖然在馬偕返國述職時引來許多人的同情，卻也讓他收到許多熱情鄉親的捐款，得以在台灣籌建學校。

經過一年的休息，馬偕再度回到淡水展開他第二波的傳教工作，並開始進行新學校的成立工作。1882年7月21日，由馬偕故鄉熱心人士捐款所建立的新學校落成於淡水砲台埔上，馬偕以故鄉命名為Oxford College，中文名「理學堂大書院」（後人稱為牛津學堂）。牛津學堂落成典禮那天的來賓中，中國官方代表孫開華提督致辭稱讚：「如此台灣蕞爾小島而有此等學堂，誠為全國最善之舉。」

牛津學堂於9月14日開學，由於學堂並沒有入學考試，因此十八位學生都是由各地傳教士推薦的優秀青年；至於教學師資，則多由馬偕早期親自培育出來的學生擔任。課程方面，除了聖經經文和神學，學堂也教授社會科學（歷史、倫理等）、自然科學（天文、地理、地質、植物、動物、礦物等）、醫學理論及臨床實習、體操、音樂等。在教學設備上，則有當時台灣罕見的講壇、黑板、世界大地圖、天文圖、風琴、譜架，學校內甚至有博物室、圖書室；此外，在馬偕的宿舍內還有一間研究室，內有各式科學儀器、地球儀、萬花筒、相機和標本等，其中的設備多得如他所說：「可以使驕傲的文人低頭、使自大的官吏悅服。」

◎ 學堂裡的馬偕研究室，內有許多科學儀器、標本……等許多設備。

對馬偕而言，課程裡的神學、教義，是為了培養傳教人才，而其他科目則是為了拓展學生在不同領域的知識，並擴展學生的視野。因為他深深覺得：當新時代來臨，傳教士不僅需要神學方面的學問，還必須具備各式各樣的知識才行。另外，學校上課的方式也不單單只在教室裡由老師授課而已，學校不時舉行辯論會、幻燈片展覽，有時還有野外考察、醫館實習，甚至還有畢業參觀旅行，教學方式非常多元、活潑。各種新穎的教學方式和硬體設備，使牛津學堂成為當時台灣罕見的新式學

◎ 理學堂大學院是台灣西式教育的發祥地。

不間斷的宗教教育

牛津學堂的宗教教育，一直到了淡水中學時代，仍是極具特色的。當時，學校的學生都必須寄宿，校方為照顧學生的心靈需要，除了每個星期天固定舉行禮拜外，也有不少教師和宣教士擔負起心理輔導的工作，其中又以校長夫人偕仁利女士最為熱心。她特別重視聖經的教導，每年組織暑期聖經班，不僅讓學生有健全的身心發展，也造就不少教會的領袖人才，而這項傳統特色，一直到現在的淡江中學，都依然持續著。

校，而且成立時間比劉銘傳的「西學堂」更早，是台灣新式教育的搖籃地。

牛津學堂成立後，由馬偕自己親自敲鐘，引領學生上課。他一天演講約一到五次，並帶領學生討論、發問、思考、辯論，同時也訓練他們演說；中午帶他們到「偕醫館」實習，晚上則有講道練習的課程。若有機會，馬偕也會邀請淡水的洋商、外交或稅務人員以及旅經淡水的船長、官員、科學家、軍官等不同領域的人士舉行專題演講，以增廣學生見聞。學生在經過三年的培訓後，便從學堂畢業前往教會服務。在馬偕的帶領下，牛津學堂成為當時台灣最重要的神職人員養成中心，前後共培養了二百多名傳教士，在各地進行傳道的工作。

牛津學堂裡的神學院，歷經數次變革後遷至台北，輾轉成為今日陽明山上的「台灣神學院」。之後的牛津學堂，成為淡水中學校及淡水工商管理專科學校的創辦地，前者於戰後與純德女中（前身為淡水

◎ 一個傳教士須同時具備神學和其他各式的知識，所以馬偕設計的課程非常多元。

女學校）合併為淡江中學，後者則屢經升等成為今日的真理大學。

女子教育先河

在傳教的同時，馬偕也看到了台灣嚴重重男輕女的社會觀念，導致台灣的女子多是文盲。1883年，馬偕在牛津學堂東鄰創立「淡水女學堂」，目的就是希望透過教育來改正台灣重男輕女的觀念，並且移除社會上溺殺女嬰、男性蓄妾及女性纏足、深居簡出等陋俗。他希望台灣女性也可以活出自信，享有與男性相同的自由與幸福，並藉此機會培養出女性傳教士。

馬偕的構想得到加拿大長老教會婦女福音協會的大力資助，終於讓「淡水女學堂」在1884年正式開學，不僅成為台灣女子教育的先河，同時也是台灣北部第一間女學校。為了讓絕大多數女性都能有機會接受教育，女學堂不施行學年及學分制，入學年齡也沒有限制。只是，在當時保守的民風下，父母親多半不願意讓女兒出去拋頭露面，因此前往就學的女學生可說是少之又少。這樣的問題，即使校方提出學費全免的優惠，甚至替學生支付路費、住宿費和衣服，情況仍沒有改善。第一屆女學堂開學時，就學的三十四名學生中以噶瑪蘭族女性為主，漢人學生少之又少；不過往後學生人數最多時，也曾到達八十幾人左右。

女學堂的校長同樣由馬偕擔任，校務則由馬偕夫人、女舍監和幾位本地教師協助處理；師資方面，除了女學堂專任的老師，牛津學堂的教師也常來支援教學。學校開立的課程有：讀書、寫字、算術、歌唱、地理、婦女技能、聖經歷史和聖經教義，同時學生們也接受教學的訓練，為的是在往後傳道之際，能夠發揮充分的才能。

◎ 除了北台灣，馬偕牧師還翻山越嶺，深入花蓮地區傳教。

◎ 淡水女學校不但開啟了女子教育的先河，也為男女平等播下了第一顆種子。

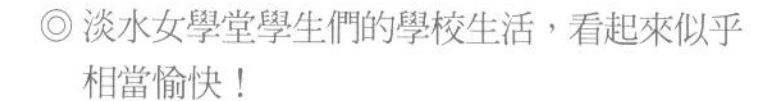

◎ 淡水女學堂學生們的學校生活，看起來似乎相當愉快！

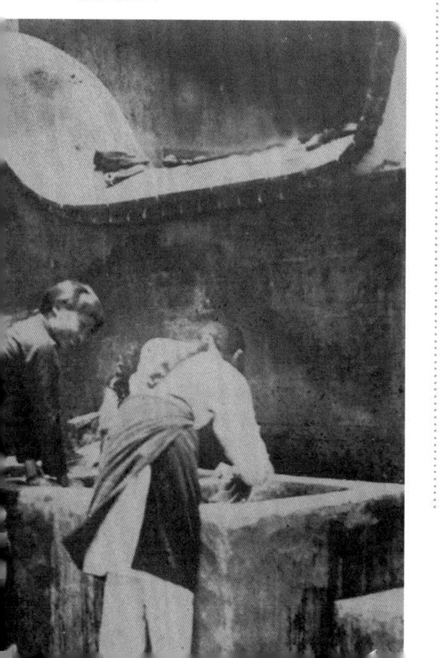

女學堂除了在中法戰爭和日本接收台灣期間因時局動盪而停課外，一直經營到馬偕博士逝世才停辦。「淡水女學堂」的設立是台灣社會的一個創舉，讓久遭壓抑的婦女也能接受新式教育的薰陶，藉以革除不當的社會束縛，同時讓婦女增進視野、開拓知識領域，並提升社會地位。台灣教育從日治時期才開始逐漸有現代化的學制系統，日治時代前的台灣女子教育，多半只能依賴家庭教育，灌輸的內容也多是傳統重男輕女的觀念；女學堂的建立，不僅為女子帶來新的學習管道，而新穎的知識體系和教學方式，也為台灣日後的男女平等之路建立代表性的里程碑。

寧可燒盡，不願鏽壞

做事積極的馬偕，給人的印象往往是從早忙到晚，今天該完成的事情，絕不拖延到明天；不求物質生活舒適享受的性格，讓他即使深入深山荒野傳教，依然能甘之如飴，毫無埋怨。而「寧可燒盡，不願鏽壞（Rather burn out than rust out）」這句話，更是一語道盡他對台灣傳教事業的熱情。

馬偕除了在台灣北部傳教，後來他更深入花蓮地區探險，尋找傳教的可能性。數十年如一日的宣教熱情，讓馬偕名聲大噪，在他活躍的教區內，無論是不是信徒，只要提起「鬍鬚番」或「黑鬍番」，很少有人不曉得的。曾接受馬偕指導的學生，嘴邊最常掛著的一句話就是：「馬偕博士很疼我。」他對於學生的生活教育相當重視，有時責備、有時安慰、有時勸勉，但都出自於他真誠的關心。

日本統治台灣之後，總督府往往將堅守信仰的基督徒視為不服統治的敵人，而仇外甚深的台灣群眾則認為基督徒和日本人勾結，這樣兩邊不是人的處境，往往讓基督徒成為被迫害的對象。雖是在這種情況下，馬偕卻始終不曾懷疑過上帝手持的真理，依然繼續馬不停蹄地為信徒奔走。晚年的馬偕罹患喉癌，卻仍然持續講學傳道，直到後來完全說不出話，才退出工作崗位；不過，即使病入膏肓，他心繫著的，仍然全是教會的事。1901年6月2日下午4時，馬偕在淡水家中蒙主寵召，享年五十七歲。兩天後，家人們遵守他的遺囑，將馬偕安葬於淡水砲台埔。

身為長老教會的海外傳教士，馬偕不僅長期致力於宣傳神的福音，同時對台灣的醫療和教育也有相當重要的貢獻。台灣開始實施大規模且長期的現代學校教育，主要始於日治時代；日治時代之前，則是仰賴長老教會創辦的教會學校，將西方新式教育引進台灣。馬偕不僅致力於改善台灣醫療環境、倡導衛生、引入醫療技術，他更熱心於提倡教育、興建學堂和義塾。在教授神學、醫學之餘，同時也將其他人文、自然、科學方面的知識導入台灣，甚至創辦女學堂以期提高婦女地位。馬偕為台灣所留下的教會、醫院和學校等硬體設施，如今在北台灣隨處可見；而他為台灣的無形付出，則在台灣歷史上留下永難磨滅的光輝。

◎馬偕的身影和精神仍在台灣人的心中留下不可磨滅的光芒。

婦學堂的成立

1907年10月，馬偕逝世後停辦的女學校，在淡水女學堂舊校舍重新開學。重新招生的淡水女學校，是所屬於中學教育的學校，除了一般中學課程，也教授漢文、聖經、音樂等，且多以台語授課。1916年，學校校舍改建後重新開學，並增設高等女子部，更名為「淡水高等女學校」。

另外，由於淡水女學校轉為中學教育，一些失學婦女、已婚者無處就學；為了彌補這項缺憾，教會於1910年在女學校校舍東鄰另建「婦學堂」。課程內容包括中、日文及習字，並以聖經和音樂為教學特色。1929年，婦學堂改名為「婦女義塾」，後來因淡水女學校被日人接管，無校舍可用的婦女義塾，遷至對面的宣教士宿舍上課；1937年起，婦女義塾逐漸停辦，至1940年正式改為修道院「安樂家」，成為收留貧困、老年婦人及破碎家庭的安養所，但只維持至1942年便宣告解散。

淡江中學

馬偕精神的延續

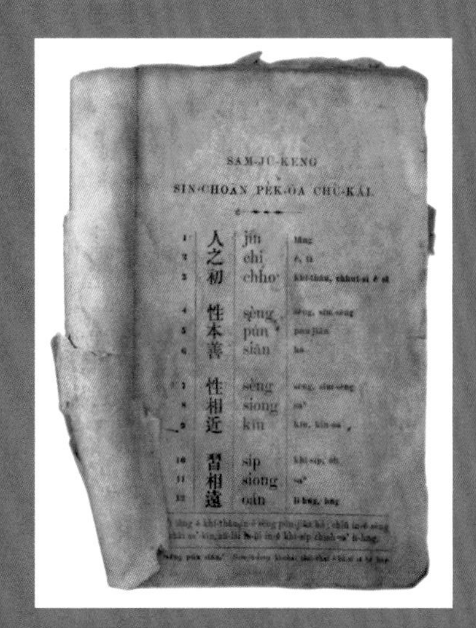

SAM-JÚ-KENG

SIN-CHOAN PEK-OA CHÙ-KÁI

1 人 jîn
2 之 chi
3 初 chho·
4 性 sìng
5 本 pún
6 善 siān
7 性 sèng
8 相 siong
9 近 kīn
10 習 sip
11 相 siong
12 遠 oán

◎ 上課使用的漢文教材，除了漢字外，還使用羅馬拼閩南音。

◎ 八角塔是淡中人的精神指標。

馬偕逝世後，由吳威廉接任牛津學堂和淡水女學堂的校長，並改爲神學院。當時，日人經營台灣教育已有些成就，全台各地普設學校並實施六年國民教育，教會因此覺得神學校的水準也必須提升。1909年起，神學校確立學年制度，入學學生須先受過小學教育，並將學校分爲神學科與普通科，而普通科就是日後淡江中學的濫觴。

與馬偕四十二年前登陸淡水同日的1914年3月9日，教會設立中學終於獲得總督府的許可，並成了淡中的創校日；這是台灣最早的五年制中學校，並於1922年10月改名「私立淡水中學」。1926年，八角塔新校舍落成，學校從牛津學堂遷往現在淡江中學的校址，此後近八十年，八角塔成爲歷代淡中人的精神所繫，也是淡中百年歷史傳統和校園文化的象徵。

以宗教精神立校、人本教育爲主體，由於使用台語教學，並以聖經作爲宗教教育的讀本，因而受到日本官方打壓，無法獲得總督府認定爲合格的淡水中學，使得學校學生無法繼續升學，一般學生唸了兩、三年後就得轉往日本讀書；直至1937年，台灣總督府修改教育法令認可私立中學的存在，才得到正式立案並改名爲「私立淡水中學校」。

日本投降後，國民政府收回淡中，並由林茂生擔任校長，辦學逐漸地好轉。然而好景不常，國民政府施政品質惡化、民生蕭條，也影響到學校的發展，1947年「二二八事件」擴及全台，理事林茂生、陳能通校長、盧園老師、郭曉鐘同學先後遇難，使學校陷入愁雲慘霧之中，直到4月才恢復平靜。1956年，改制的淡江中學和純德女中合併，此後學校歷經私立學校被限制、升學主義掛帥的壓力，雖一再面臨挑戰，卻終能一一克服，並於1996年8月正式成爲綜合高中。

從神學院、淡水中學，到現在立於砲台埔上的真理大學，牛津學堂孕育出許多燦爛生命，雖然一路顛簸又風雨交加，卻仍保有自己的理想，屹立不搖地肩負起宣教和教育的使命，而馬偕精神也將隨之流傳不朽。

開啟盲人之眼 甘為霖 Willian Campbell

一位盲人來到甘為霖的教會聽道，希望能有機會認識基督教的教義，甘為霖「一看就知道他是相當聰明的人，但他的眼窩空洞。」這位求知若渴的盲人，讓甘為霖醒悟：台灣一定有許多盲人的境遇擁有和他一樣的渴望，但社會卻沒有提供他們任何幫助。

1873年的某日，一位稀客走進淡水教堂拜訪馬偕牧師。客人是位金髮碧眼的洋人，他的名字叫做甘為霖（Willian Campbell），有著與馬偕相近的背景：兩人同是長老教會的牧師，同是1871年來到台灣傳教，而且抵台的第一站都是台南；不同的是，甘為霖並非來自加拿大，而是隸屬於英國的長老教會。沒有人知道，此時在淡水會面的兩人，日後將成為長老教會在南、北台灣傳教事業的兩大巨擘。

全台走透透

甘為霖，1841年出生於英國蘇格蘭。在大學求學期間，便開始對神學感到興趣，因此畢業後仍繼續在校修讀四年的神學課程，並促使他日後投身於傳教事業。三十歲那一年，甘為霖在倫敦的伊斯林敦教會內受封為傳教士，並被派往南台灣進行傳教活動；他是英國長老教會派往台灣傳教的第二任傳教士，在他之前的是首開台灣醫療傳教之風的馬雅各牧師。

1871年9月，甘為霖自英國利物浦出發，12月經香港抵達台灣。初抵台灣的甘為霖在安頓好住所之後，便馬上展開傳教之旅：他先前往台南附近的教會了解台灣的傳教概況，隔年南下高屏地區訪查，第三年再搭船北上，拜訪傳教初具成果的馬偕醫生。兩人相偕訪視北部的

◎ 北有馬偕，南有甘為霖，兩人是長老教會在南北台灣傳教事業的重要推手。

◎ 以大甲溪為界，以北屬加拿大長老教會，以南則屬英國長老教會的管轄。

◎ 早期台灣沒什麼社會福利制度，殘障、病人或貧窮人家多只能困苦乞討過日。

教會，並且達成了不成文的默契：長老教會的傳教事業以大甲溪為界，以北為加拿大長老教會的傳教區，以南則隸屬於英國長老教會。

拜別馬偕之後，甘為霖隨即轉往澎湖設立教會，成為首位到澎湖佈教的傳教士；除此之外，他也是文獻記載首位造訪日月潭的歐美人士。事實上，為了傳教，甘為霖幾乎是全台灣走透透，不管是已開發地區，抑或人煙罕至的窮山惡水，都有他的足跡。不過，對台灣人而言，甘為霖最令人感佩且影響台灣至深的，並不在於其傳教佈道的無比熱忱及成果，而是他開啟台灣盲人教育的先聲。

盲人教育之始

初至台灣的甘為霖在走訪府城市街時，常看到許多殘障人士、痲瘋病患及窮苦人家在街上乞討，然而當時的清政府卻沒有建立一套完善的社會福利制度來照顧這些貧困人士，為此，他感到十分難過、痛心，並希望自己能對這些人有所貢獻。1884年夏天，一位盲人來到甘為霖的教會聽道，希望能有機會認識基督教的教義，甘為霖「一看就知道他是相當聰明的人，但他的眼窩空洞。」這位求知若渴的盲人，讓甘為霖醒悟：台灣一定有許多盲人的境遇擁有和他一樣的渴望，但社會卻沒有提供他們任何幫助。因此，他下定決心要在台灣創辦盲人教育，使盲胞們也能得到受教育的機會，過著一般人的正常生活。

隔年，甘為霖便利用羅馬拼音字母的凸字版印刷，為盲人出版了五本點字版的福音書及傳教小冊，這是台灣第一批的盲人點字書。透過這些點字書，盲人們可以更容易了解基督教教義；更重要的是，這些點字書開啟了台灣盲人通往知識的大門。只是出版盲人點字書，對甘為霖而言並不滿足，因為根據他的觀察，台灣的盲人不是淪為乞丐、算命師，就是從事踏水車、搗穀米等苦力粗活，營生十分困難。為了讓這些盲胞能夠就學，習得一技之長、自力更生，甘為霖開始四處奔走籌措設立盲校的經費：他開始不斷為文報導台灣盲人的處境，並將之寄回英國，以尋求社會大眾的援助。

英國是個相當重視特殊教育的國家，早在1771年就成立了第一所私立盲校，負責教導盲生謀生技能與一般常識。1886年，英國皇家盲聾委員會制定了盲生就學法，建議盲生與普通學生一起修習基本學科；1893年，英國更是立法為聾盲生提供就學機會。或許就是如此重視人道的一個社會，讓甘為霖對缺乏社會福利保障的身障、盲聾人士備感關心，也讓他對台灣盲人困境的報導，能夠短時間內就在英國引起廣大迴響，並得到許多捐款資助。

1891年秋天，甘為霖用募得的款項租下台南洪公祠（今台南啟聰學校的博愛堂址）作為盲校「訓瞽堂」所在，成為台灣史上第一所特殊教育機構。訓瞽堂的課程內容，在於教導學生利用點字閱讀書籍，並教授算術、謀生手藝，以及刻鑿凸字的技巧；教材除了《聖經》福音外，還包括中國的學童啟蒙課本——《三字經》以及四書五經等儒家典籍，如此中西合璧的教學方式，成效非常卓著。至於經費方面，由於訓瞽堂為貧苦盲童免費提供書本與住宿膳食，因此學校大部分的開支必須仰賴國內外教徒的捐助。

可惜好景不常，訓瞽堂成立五年之後，1895年清政府將台灣割給日本，島內軍民開始展開一連串與日軍對抗的保台戰役，訓瞽堂也受到戰火的波及，再加上校址洪公祠租約到期，因此學校不得不在1897年停課關閉。

直到台灣局勢穩定之後，甘為霖為了使盲人教育能夠永續經營，

◎ 甘為霖曾親自拜訪樺山資紀尋求日人對台灣盲人教育的資助。

◎ 英國信徒為台灣盲人所奉獻的點字打字機。

◎ 台灣北部盲校上課情形。

◎ 甘為霖（右）和學生在洪公祠前的合照。

◎ 由日人續辦的「台南慈惠院盲人教育部」。

決定說服日本政府接手辦理盲校事務。他前往東京拜訪首任台灣總督樺山資紀，向他說明自己的理念，以尋求日本對台灣盲人教育的援助。1900年，在第三任台灣總督兒玉源太郎的命令下，日本人正式接辦訓瞽堂的盲人教育事務，成立「台南慈惠院盲人教育部」，使台灣的盲人教育得以持續下去。雖然訓瞽堂停辦，但甘為霖並未停止對盲人教育的關注，之後不但協助總督府創設公立盲校，還鼓勵畢業盲生赴日本進修，並且建議總督府保障盲人的就業機會。1915年，日本政府為了肯定甘為霖對台灣盲人教育的貢獻，還特別頒贈他「勳五等雙光旭章」。

編修新字典

不過，甘為霖對台灣教育的貢獻並不僅止於盲人教育，日治時代「閩南語白話字」的使用及廣布，他也有著不小的功勞。所謂的白話字指的是「羅馬拼音文」，羅馬拼音文是過去西方傳教士為了方便在異地傳教而設計的，用以學習各地語言、與住民溝通，並透過羅馬拼音文的譯文向住民教授基督教教義；有時傳教士為了傳教及教學，也會將當地語言以羅馬拼音文轉譯並編成辭典，此舉不但嘉惠當代人，也讓後人得以認識、研究先祖使用的語言。

閩南語羅馬拼音文的始祖，是1832年由麥都思（W.H. Medhurst）牧師所創的「福建語羅馬拼音法」，之後另一位於廈門傳教的杜嘉德（Carstairs Douglas）牧師將之修改成廈門腔的閩南語；甘為霖在動身來台傳教之前，便曾請教杜嘉德牧師，學習閩南語的相關知識。甘為霖來台之後，便發現台灣的閩南語與廈門地區有所不同，因此在傳教之餘，也蒐羅研究閩南語辭彙，並加以整理，並於1913年出版了《廈門音新字典》。該書將前人的拼音法加以修正，使其能更適切地拼出台灣的閩南語，因而成為當時羅馬拼音辭典的權威之作。甘為霖所修正的拼音法，較前人易懂、易讀，廣為當時讀書人所使用，現今的閩南語白語字，便是延用甘為霖所修正的拼音法，而《廈門音新字典》目前也仍廣泛流通使用著。

A 洼 kap téng ĵī sio-siāng.
A [illegible] chhù bô chiàⁿ, oai, khi-khi ê khoán-sit.
A [illegible] thap-o ê tōe, tōe-bīn bô pīⁿ, kham-kham khiā
A 椏 siang-chhe ê chhiū-ki ; siang-chhe ê koáiⁿ-á, h

潤澤盲瞽的甘霖

1917年，甘為霖結束了他在台灣四十七年的傳教事業，返回故鄉英國。臨行時，台南民眾夾道歡送，眾人莫不依依不捨，台灣總督甚至特地南下向他致意，足見他在台灣受人尊敬、愛戴的程度。離台後的第四年，也就是1921年9月，甘為霖牧師逝世於英國伯恩茅斯家中，享年八十一歲。

自古以來，殘障教育在中國一直未受重視，台灣亦是如此，百餘年前的殘障人士，被肢體健全的大眾拋棄於社會的最底層。但來自遠方的甘為霖牧師卻為他們開啟了一扇天窗，奠下此後島上殘障教育的基礎。殘障人士並不是社會上的瘠田，而是一片肥沃卻有待雨水滋潤的荒地，甘為霖為這些人創造了一個自力更生、一展所長的機會；對他們而言，甘為霖正是一道滋潤荒土的「甘霖」，讓他們得以開展屬於自己的亮麗生命。

◎甘為霖（後排右八）與台南盲人學校師生們的合照。

◎甘為霖（前排左四）為台灣盲人開啟一扇窗，讓他們可以學習知識技能、揮灑生命。

台南啟聰學校

無聲亦能勝有聲

◎ 盲校生的住宿生活。

◎ 日據時台南盲人學校首任校長秋山衎三（中立者）與盲校學生。

◎ 盲啞學校時期的校舍。

「唯有先相信自己，別人才會相信你；永遠有機會等著你，就看有沒有做好準備。」這是王曉書與母校台南啟聰學校的學弟妹所分享的話。她，是一個 169 公分的聽障模特兒，也是台灣第一位手語新聞主播，每晚在公共電視十五分鐘的手語新聞時間，將資訊傳送給聽障者，她更是民國92年以公視「聽聽看」首次入圍金鐘獎文教資訊的主持人。對王曉書而言，聽障不是缺憾，而是一種考驗與恩惠！

1871年，當甘為霖來到台灣傳教，對於當時全台的盲人眾多，卻無專為他們設計的教育機構，深深感到可惜，除了回報英國長老教會在台施行盲人教育的重要性外，也一邊以自宅作為盲人學校。1891年，他開辦「訓瞽堂」招收盲生，開啟了台灣盲人教育。

1900年，台南慈惠院接辦「訓瞽堂」、在文昌祠成立「盲人教育部」，後來更修建學校，並於 1915 年改名為「私立台南盲啞學校」，增設啞生部，為台灣盲啞合校的開始。

盲啞學校招生主要分為「就養生」與「自費生」，以招收「就養生」為原則，並在不妨害「就養生」學習的情況下招收「自費生」。從日治到戰後，歷經幾次的改制，盲啞學校於 1968 年改為「台灣省立台南啟聰學校」，專收聾啞學生至今。

1975年8月，台南啟聰學校開設音樂課程，肇始台灣聾校學生學習歌唱、演奏樂器的先聲，由於聾啞生先天的限制，所以上課較注重節奏和打擊樂器。音樂的教學，使身在無聲世界的學生們，也能藉由助聽器體會歌唱的喜悅，使心靈愉快，並培養樂觀進取的人生觀。

台灣特殊教育以「訓瞽堂」為肇始，至今已百年有餘，如今台南啟聰學校也本著「教育無它，愛與榜樣而已」的目標，把學生當作一個一個的人才來培育，使每個人都有受教育的機會，發揮其才能、獲得成就感並立足於社會！

白話閩南字　巴克禮 Thomas Barclay

「我將放棄一切管轄我的，我要把我及我的所有，不論心思意念、四肢百體、財物、時間或一切力量，都奉獻給　……」

——湯瑪士・巴克禮(Thomas Barclay)

1865年，一位蘇格蘭的少年湯瑪士・巴克禮（Thomas Barclay）在他十六歲生日的那一天，簽寫下一紙獻身上帝的誓文。巴克禮於1949年出生在一個篤信喀爾文教派的蘇格蘭家庭，從小耳濡目染，讓他僅僅十六歲便立定志向為天父服務，終生奉獻於傳教事業。自此之後年輕的巴克禮懸念於心的，就是如何實現他與上帝的誓約，於是他進入神學院就讀，一完成學業，他便向英國長老教會的佈道委員會申請前往海外傳教。就在與神立誓後的第十年，巴克禮來到了一個離故鄉很遠、很遠的東方小島，而這座小島有個美麗的名字——「福爾摩沙」。

◎巴克禮一生奉獻上帝，也獻身於東方這座美麗的小島——福爾摩沙，無怨無悔。

With kind regards,
Yours very truly,
Thomas Barclay

◎巴克禮之簽名筆跡。

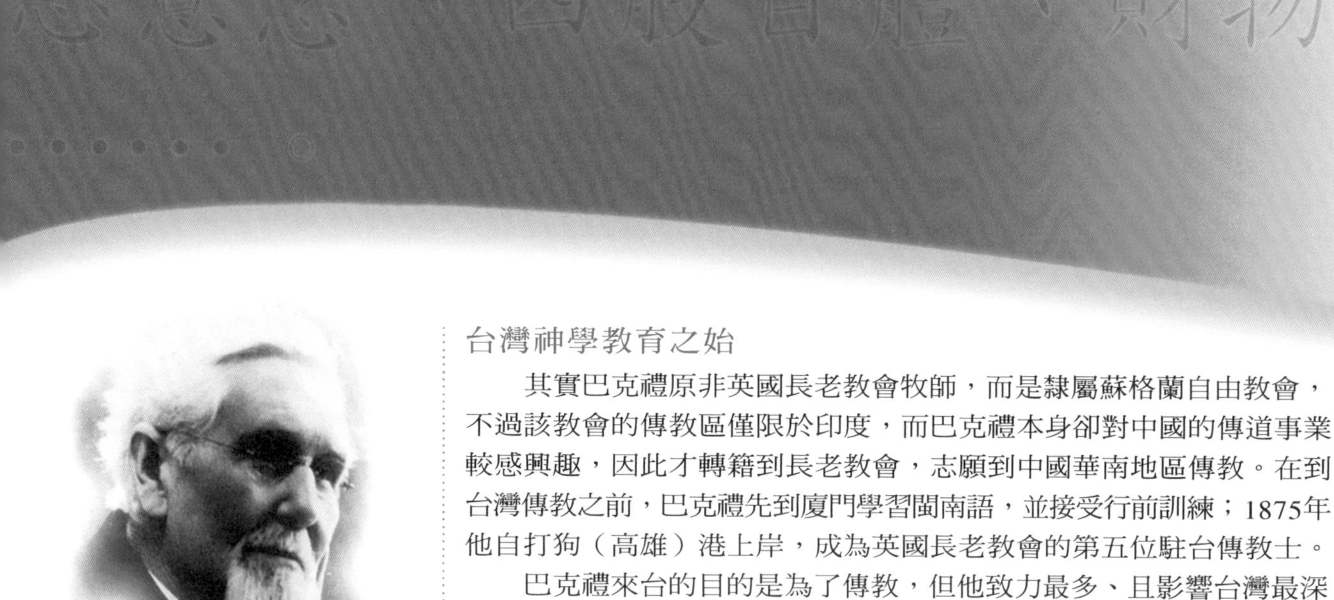

台灣神學教育之始

其實巴克禮原非英國長老教會牧師，而是隸屬蘇格蘭自由教會，不過該教會的傳教區僅限於印度，而巴克禮本身卻對中國的傳道事業較感興趣，因此才轉籍到長老教會，志願到中國華南地區傳教。在到台灣傳教之前，巴克禮先到廈門學習閩南語，並接受行前訓練；1875年他自打狗（高雄）港上岸，成為英國長老教會的第五位駐台傳教士。

巴克禮來台的目的是為了傳教，但他致力最多、且影響台灣最深遠的卻是神學教育。巴克禮初抵台灣時，為了要熟悉台灣的風土及傳教狀況，先在打狗的旗后地區（今旗津）與前輩李庥牧師學習傳教。當時基督教還處於剛起步的階段，雖然已有數位傳教士來台宣教，但成果依然不夠顯著，為了使本地人更願意親近基督教，並培養台灣本地自己的傳教士，長老教會在台南設立了一間傳教士養成所；當巴克禮在高雄學習期間，也在旗津開設了第二間傳教士養成班。

隔年，他將傳教重心轉往台南地區，旗津的傳教士養成班也跟著遷往台南，與台南的養成所合併，並在馬雅各醫生（Dr. James Laidlaw Maxwell）的舊樓醫館（位於今台南市北門街）內成立正式學堂，由巴克禮擔任首任校長，成為南台灣最早的教會學校。這所培養傳教士的專門學堂，便是現今台南神學院的前身。

過去，不論是荷蘭時代的傳教士或是開港通商的長老教會，台灣民眾總將他們所傳的宗教當做一般信仰看待，只因為能得到好處或相信神蹟，便盲目地接受信仰。但台南神學院的創立，讓台灣的宗教發展進入了另一個層次：信徒們了解到宗教並非只是盲目信仰，每個宗教都存在著各自的思想理論，可以擁有理性思辯的空間。這種對宗教本質的深刻認識，使台灣的神學教育成果跨出了一大步。

◎ 馬雅各是長老教會第一位來台的宣教士，為台灣基督教的傳播奠下深厚的基礎。

◎ 馬雅各紀念碑。

推行閩南語白話字

在處理神學院教務及巡迴傳教之餘，巴克禮也不斷思考檢討長老教會在台傳教的成果。自首任傳教士馬雅各牧師於1863年來台，長老教會已在台設教十餘年，但是教會的傳教成果仍然十分有限。巴克禮探究原因後發現：台灣一般的教徒無法自行閱讀聖經、直接吸收教義，也無法透過教會的宣傳品，來了解教會的活動或傳教事業，所以傳教事業也就無法大幅擴展。而教徒之所以不能閱讀聖經及教會的宣傳品，最根本的原因在於台灣的文盲過多。

台灣文盲過多的問題，最主要是因為當時的教育普及率不高，一般人無法上學識字；但是巴克禮認為漢字難懂，且與一般台灣人所用的母語無法完全契合，也是台灣文盲眾多的原因之一。於是，巴克禮便開始大力推行較漢文易讀易學的閩南語白語字，希望能讓一般民眾在短時間內即能自行閱讀聖經、了解基督教教義。

巴克禮相信使用羅馬拼音文的白話字，是教化台灣民眾最快的一條捷徑，因此他開始徹底深入研究閩南語的俗語、了解台灣常用的母語詞句。他除了要求所有長老教會的傳教士都必須學習白話字外，並在長老教會學開設的學校中，排入白話字的課程，讓學生自小就熟悉白話字的使用。此外，巴克禮也開始重新以白話字修訂翻譯《新約聖經》，並用於教會講道；雖然講經時，偶爾也會有信徒要求以漢文聖經進行說道，但是巴克禮依然堅持使用白話字的聖經，可見其推廣白話字的執著與用心。

◎巴克禮（第二排左四）與其他長老教會宣教士的大合照。

第一部活字印刷機

推行閩南語白話字的首要工作，是先讓一般大眾知道什麼是白話字？該怎麼去使用它？除了在教會中宣導外，還必須出版刊物，讓大眾知道確實是有這樣的文字存在。因此，巴克禮決定在教會中成立出版部門，不過教會裡並沒有一套完整的印刷設備。意外的是，與巴克禮有同樣想法的馬雅各醫師在1871年休假回英，後來因病無法回台，於是在1880年捐贈了一台可以印刷羅馬拼文書的小型印刷機給台灣教會，作為自己對台灣的最後貢獻。

1881年1月，當巴克禮在府城收到這十一箱包含印刷機及完整零附件（排字架、鉛字）的印刷工具時，真的是喜出望外，馬上開始著手設置書房及印刷事宜。由於台南長老教會中，沒有人懂得如何使用印刷機，巴克禮為此還特地利用休假回英國學習如何排版撿字；返台後，他見那部印刷機仍然蒙塵閒置，便立刻將機件運到房間內動手拼湊裝配，完成全台灣第一部的活字版印刷機。1884年5月，巴克禮於台南長老教會的新樓成立了「聚珍堂」（今台南新樓書房，於台南神學院圖書館西側），正式開工印製白話字聖經，同時也開啟了台灣新式印刷的第一頁。這部「聚珍堂印刷機」，目前仍存放於台南長榮中學的校史館內。

◎ 馬雅各贈送給台灣教會，並在巴克禮組裝後，成為台灣第一部活字版印刷機。

「聚珍堂印刷機」最大的貢獻，除了大量印製白話字聖經之外，便是「教會報」的印行。1885

年，聚珍堂在巴克禮的主持下，發行了台灣報業史上第一份、同時也是最長壽的報紙——《台灣府城教會報》。

教會報倡白話

這份《台灣府城教會報》所有版面皆是以白話字書寫，其刊行目的除了「報導教會消息，給眾信徒週知，藉此使大家同心協力為主服務」外，巴克禮在發刊詞中更指出：「阮盼望恁眾人要努力學這些白話字，後來阮若印什麼書恁都會看，人不可打算因為他識孔子字（也就是漢文）所以不必學這種字，也不可看輕它！」他希望藉由《府城教會報》的發刊與廣傳，使白話字在台灣民眾間開始流傳使用，成為吸收現代新知及充實宗教信仰的媒介，藉此達成教育一般百姓的目的。

事實證明，《府城教會報》確實達成這樣的效果，由於只要了解羅馬拼音，便能靠著閩南語發音讀懂白話字，因此《府城教會報》對台灣人而言是極易懂、易讀的刊物；由於民眾的接受度非常高，原本僅流傳於信徒之間的報紙，也慢慢在一般大眾間傳開。

《府城教會報》並不只有報導教會的動態，它還刊載了許多先進思想及新知介紹，對於當時民智未開的台灣，無論是在社會、宗教、教育、文化，甚至是民主政治上，都有至為重要的啟蒙及影響。日治時代，台灣總督府極力箝制人民的言論自由，但巴克禮及聚珍堂始終秉持著創刊的

TÂI-OÂN-HÚ-SIÂ^{n}
KÀU-HŌE-PÒ.

TE IT TIU^{n}
KONG-SŪ XI nî^{n}, 6 goe̍h.

Tâi-oân-hú-siâ^{n} ê Kàu-su mn̄g Kàu-hōe-lāi ê hia^{n}-tī chí-moāi^{n} pêng-an: Goán Siōng-tè siú^{n}-sù lín tāi-ke tōa in-tián.

Goán kòe--lâi chit-pêng sī in-ūi ài thoân Thian-kok ê tō-lí, hō͘ lâng bat Siōng-tè lâi tit-tio̍h kiù. Só͘ thoân ê tō-lí lóng sī Sèng-chheh só͘ kà-sī--ê; nā^{n} m̄-sī Sèng-chheh ê tō-lí, goán m̄-kán kóng. Só͘-í goán tauh-tauh khó-khǹg lín tio̍h tha̍k-chheh lâi khòa^{n} Sèng-keng, ǹg-bāng lín ná^{n}-kú ná^{n}-bat Siōng-tè ê tō-lí; iā m̄-bián tek-khak oá-khò Bo̍k-su á-sī Thoân-tō-lí ê lâng lâi kóng tō-lí hō͘ lín thia^{n}; in-ūi lín pún-sin khòa^{n} Sèng-chheh, siū Sèng-sîn ê kám-hòa, sui-jiân bô lâng lâi kà-sī, lín iáu kú ē chai Siōng-tè ê chí-ì. Khó-sioh lín pún-kok ê jī chin oh, chió chió lâng khòa^{n} ē hiáu--tit. Só͘-í goán ū siat pa̍t-mih ê hoat-tō͘, ēng pe̍h-ōe-jī lâi ìn-chheh, hō͘ lín chèng-lâng khòa^{n} khah khoài bat. Iā kīn-lâi tī chit-ê Hú-siâ^{n} goán ū siat chit-ê ìn-chheh ê khì-khū, thang ìn-jī chhin-chhiū^{n} chit hō͘ ê khoán-sit. Ta^{n} goán ǹg-bāng lín chèng-lâng beh chhut-la̍t o̍h chiah-ê pe̍h-ōe-jī; āu-lâi goán nā ìn sím-mih chheh lín lóng ē hiáu--tit khòa^{n}. Lâng m̄-thang phah-sǹg in-ūi i bat Khóng-chú-jī só͘-[illegible] o̍h chit-hō͘ ê jī; iā m̄-thang khòa^{n}-khin i, kóng sī gín-á só͘ tha̍k--[illegible]. Nn̄g-iū^{n} ê jī lóng ū lō͘-ēng; put-kò in-ūi chit-hō͘ khah-khoài [illegible], só͘-í lâng tio̍h tāi-seng tha̍k-i. Āu-lâi nā^{n} beh sòa tha̍k Khóng-[illegible]-jī sī chin hó; chóng-sī pe̍h-ōe-jī tio̍h khah tāi-seng, kia^{n}-liáu nā^{n} m̄-tha̍k, lín bē hiáu--tit khòa^{n} goán pa̍t-jī̍t só͘ ìn--ê. Só͘-í goán khó-khǹg [illegible] chèng-lâng, ji̍p-kàu í-kip thia^{n} tō-lí ê lâng, lâm-hū ló-iù, bat-jī, [illegible]-jī ê lâng lóng-chóng tio̍h kín-kín lâi o̍h. Chhin-chhiū^{n} án-ni^{n} lín [illegible] ē hiáu--tit tha̍k chit-hō͘ ê Kàu-hōe-pò kap gōa-chheh kap Sèng-[illegible] ǹg-bāng lín-ê tō-lí ná^{n}-chhim, lín-ê tek-hēng ná^{n}-chiâu-pī.

◎ 1885年7月發行的台灣府城教會報，是台灣史上第一份報紙。

◎ 聚珍堂是台灣教會公報社的前身。

初衷與社會教育的精神，恪盡職責地在報上鼓吹民族思想，因此曾一度遭到禁報，直到戰後才以《台灣教會公報》的名義復刊。後來因為政府禁用白話字，所以1969年之後的《台灣教會公報》都是以中文刊行，不過報導內容仍不改過去直言的性格，時常針砭時政、鼓吹民主思想，往往對執政當局造成莫大壓力，是台灣政治民主改革過程中的重要力量。

永遠的獻身文

1935年10月5日，當眾人準備為巴克禮慶祝八十六歲大壽的前夕，他卻因為腦溢血病逝於台南神學院的新樓，而這一年，正好是巴克禮來台傳教的第六十個年頭。後來，就在眾人為這位對台灣教育貢獻卓著的老牧師整理遺物的時候，在其中發現了一張陳舊的獻身祈禱文，紙上除了祈禱文的內容之外，還有一道又一道密密麻麻的簽名，自1865年11月21日起，每一年巴克禮都在上面留下自己的親筆簽名，而最後一次落款日期則是1934年11月21日。

從十六歲生日起，巴克禮便將自己獻身給上帝，但是綜觀其一生，與其說巴克禮獻身給上帝，毋寧言他是將自己奉獻給了台灣。巴克禮當初為了傳教而一手創辦的台南神學院，至今仍是台灣神學教育的重鎮；為

明治四十三年十月二十日第三種郵便物認可
昭和七年四月二十八日印刷 五月一日發行

TÂI-OÂN KÀU-HŌE KONG-PÒ
臺灣教會公報

"Chiàu-sī chiah kóng, chiū lī-ek lâng sī tōa"—Chim-giân 15 : 23.

REGISTERED IN THE IMPERIAL JAPANESE POST OFFICE AS THIRD CLASS MAIL MATTER

566 KOÀN MAY 1932 — CHIAU-HÒ CHHIT NÎ 5 GOÉH

第五百六十六號 每月一回一日發行

Hoat-khan-sû, Kàu-hōe Kong-Pò	1, 2	Thoân-tō-pō·, Kàu-hōe Siau-sit...Cháp-sū	10, 11
Kàu-hōe-pò hap-it	3	Thoân-kàu-su-hōe, Lâm-tiong Nī-pò	12, 14
Chiok Kong-pò Hoat-khan ... Tâi-oân Tâi-hōe	4	Ià-so· ê Jîn-seng-koan ... Lán ê Hák-iū	15
Sin-chûn chin-chúi ... Lâm Tâi Siōng-tī-hōe	5	Lâu-bú ê Jit, Siau-sit	16, 17
Thoân-kàu-su ê Iⁿ-tōng ... Gín-ná Khòaⁿ!	6	Tâi-tiong Tiong-hōe, ...	19
1931 nî-tō·: Lâm Pak Chú-jit-o̍h ê Thóng-kè	7	Tiong Tiong Lîm-sî-hōe ... Siōng-siat-pō· ...	20
1931 nî-tō·: Lâm-pō· Chú-jit-o̍h ê Thóng-kè	7	Hong-goân kìn-sìn, Tō-khì Chó·-ke ...	20, 21
Ha̍p-it ... Kàu-io̍k-pō·, Phian-chhip-pō·	8, 9	Tâu-kó ê Kui-thêng ... Phian-chhip-sek ê Siaⁿ	21

Hoat-khan-sû

Sèng-chheh kóng, "Phah mn̂g ê chiū kā I khui," sit-chāi sī án-ni. Kin-á-jit chin thang kiong-hí; tōa-tōa kám-siā Siōng-tè, in-ūi lán kú-kú só· hi-bōng hit ê liân-ha̍p Pò-chóa hoat-khan ê mn̂g í-keng khui: ǹg-bāng liát-ūi hiaⁿ-ché, lín ê mn̂g-hō· iā beh khui lâi ngiâ-chih chit ê Kong-pò, hō· i thang kàu lín tau lâi chhéng-an.

Siōng-tè siúⁿ-sù lâng ū lêng-khiàu, só·-í ē tì-ti kek-bu̍t sǹg bē liáu. Kin-tong tùi só· hoat-bêng ki-khì ê cheng-kong, kín koh lī-piān ê kau-thong, siau-sit thoân-pò ê kín, m̄-sī chá ê lâng só· ē liāu-tit. Kám-siā Siōng-chú tōa jîn-ài, ū chiong o̍h-biāu ê chin-lí hō· lâng chai, tī-kàu ū sīⁿ-chhut hiān-kim chit khoán bûn-bêng ê sè-kài.

Hiān-kim bûn-bêng lâng só· thang khoa-kháu ê, chiū-sī in ū bô-sòaⁿ tiān-ōe, che sī bûn-bêng sè-kài só· bē bô tit ê. Lán chai chit bō lōa-kú, bô-sòaⁿ tiān-ōe tōa liû-hêng tī lán Tâi-oân, chit pang Tâi-lâm chhī ū chòhng-siat chit ê Hoat-sàng-kio̍k. Thì án-ni, chhī-bīn ê seng-oa̍h ke chin ū hèng-bī, koh tit-tio̍h sin ê oa̍h-khì. Tú siāng chit ê sî, lán Tâi-oân Kàu-hōe Kong-pò-siā tú chhut-sì, che sit-chāi thang ke-thiⁿ lán ê hoaⁿ-hí. In-ūi lán ê Kong-pò-siā, m̄-sī chhin-chhiūⁿ tē-bīn-chiūⁿ ê hoat-sàng-kio̍k, kan-ta teh hoat-sàng tē-chiūⁿ ê sū nā-tiāⁿ, sit-chāi sī beh hoat-sàng thiⁿ-téng, tē-ē ê siau-sit. Koh sī beh kiò-chhéⁿ sìu-tô· tī sin-gióng seng-oa̍h thang tit-tio̍h hong-sēng.

Sui-jiân lán kàu-hōe, chit ê hoat-sàng-kio̍k Kong-pò-siā, mūi goe̍h beh chiong tē-chiūⁿ kàu-hōe ê siau-sit kap sìn-gióng seng-oa̍h ê hó keng-giām, i-kip thian-khé ê chin-lí lâi hoat-sàng, lán nā bô ū siū sìn-khì ê siat-pī, chiū bē thang tit-tio̍h. Tōa-tōa ǹg-bāng sūn chit ê kì-hōe, chhiáⁿ tāi-ke kóaⁿ-kín pī-pān, kàu-sī chiū thang tit-tio̍h, nā án-ni, chiū bián sit-lo̍h Siōng Chú ê in-sù.

Kin-á-jit khí, Kong-pò-siā ê mn̂g tōa khui, chhiáⁿ liát-ūi hiaⁿ-ché lâi saⁿ-chhōe, tī-hia lán ê Kàu-hōe Kong-pò teh tán-chih.

編輯印刷兼發行人 王守勇
臺南市竹園町二丁目三十八番地 振替臺南二二九九番
發行所 臺灣教會公報社

◎台灣教會公報是台灣民主改革的重要力量。

◎巴克禮（中坐者）曾任長榮中學的代理校長，林茂生（左）和趙天慈（右）為他的得意學生（右圖）。

了讓台灣人接觸上帝而推行的白話字，曾是許多台灣人學習新知的重要媒介；而《台灣教會公報》——台灣最老的報紙——在言論受箝制的年代，更是民間異議分子相當重要的精神食糧。

或許，巴克禮認為自己是上帝的牧者，他的一切行為舉止皆是為了要彰顯上帝的榮耀，但在台灣人的心目中，巴克禮卻是位啟迪民智的教育者，讓他們可以更容易地學習和吸收知識！

◎巴克禮自1875年從打狗踏上岸起，影響台灣的神學教育深遠。

◎巴克禮葬禮，參與的師生非常多。

台南神學院

南台灣神學教育中心

◎巴克禮紀念教會。

◎巴克禮（前左四）與林茂生之父——林燕臣（前左三）。

在台南市的城門中，規模最大的大東門，其陸橋北側下方為巴克禮教會所在，而台南神學院就隱身在教會的後方。它有悠久而辛酸的歷史，是台灣基督長老教會培植宣教神職人員的搖籃；雖曾被迫停辦，但復校後的成長和發展，已讓它成為了台灣神學院中舉足輕重的要角。

長老教會是台灣歷史最悠久的基督教會，除了自國外派遣傳教士來台傳道，也積極在台灣進行神職人員的培育工作，甚至曾在戒嚴時期帶領發起台灣獨立自決運動，為黨外人士體制外的抗爭，注入一股力量。1865年，馬雅各來台傳教，因為有感於培養本地宣教人才之需要，於1869年在台南二老口醫館的禮拜堂開辦「傳道者速成班」；後來巴克禮又先後在高雄旗後及台南成立「傳教者養成班」，並於1876年將兩者合併創辦「台南大學」，由巴克禮擔任校長。甫創校的台南神學院，與馬偕在1882年創辦的牛津學堂，分別在台灣的南北兩地推動神學教育。

中法戰爭爆發後，由於台灣遭到波及，大學因此停辦，隔年二月續辦，並先後設立中學、女學各一所，與北部教會在1914年創辦的淡江中學並列，其畢業生多為日治時期的社會中堅。1913年，學校改名為「台南神學校」，太平洋戰爭爆發後，總督府要求派日人擔任校長，不願妥協的校方決定忍痛關閉學校八年；直到戰後，又經過三年籌備才於1948年復校。往後，經過幾次向信眾勸募，或國際一些教會或宣道會的捐助，台南神學院漸漸發展成現今的面貌，其圖書館藏書達六萬餘冊，是台灣神學界的最高研究中心，也是東南亞神學院中藏書最完整的圖書館。

台南神學院以其不畏權勢的精神為人所知：從日治時期，神學院不願接受總督府控制，寧可自行關閉學校；到戰後，多名校友如高俊明、吳文、趙振貳和林文珍都曾協助施明德逃難，甚至因此入獄。自清朝創校以來，雖經日本和戰後的世局變亂，卻始終堅持學術上的獨立自主，不願屈服於政治壓迫，充分展現台南神學院堅守理想的信念。

台灣近代化之父 劉銘傳

劉銘傳來台就任後，便全心在這座蕞爾小島上，推行先前在大陸所學習到的洋務工作，如：興建鐵路、架設電線、成立郵局及電報總局、改革財政、丈田清賦及開辦新式學堂等。

「劉銘傳」這三個字，絕大多數的台灣學子及民眾一定不會感到陌生。國中的歷史課，只要教到清政府在十九世紀末的洋務運動，尤其是對台灣的影響，劉銘傳推動近代化的貢獻總是會被再三強調，究竟劉銘傳的作為有何重要，使他被稱為台灣近代化之父？

戰功彪炳的劉六麻子

劉銘傳，十九世紀中葉生於大陸安徽省合肥縣。因為家中排行第六，加上臉上有些麻點，所以常被人戲稱為劉六麻子。從小家境清寒的劉銘傳，十五歲起就隨著父親四處旅行、販賣私鹽討生活。1854年，為了鎮壓起兵作亂的太平天國，李鴻章來到安徽招兵買馬、組織軍隊；這時十八歲的劉銘傳為了謀得一份能安家立業的穩定工作，決定加入李鴻章的部隊，從此展開他的軍旅生涯。

從此，劉銘傳跟隨恩師李鴻章東征西討，幾場對太平天國的重要戰役，都有他的戰功；劉銘傳並憑藉著自己新統領的部隊「銘軍」，在上海成功擊潰了太平天國的軍隊，打響了自己的名號。三年後，劉銘傳隨曾國藩、李鴻章等人前往中國西部鎮壓內亂「捻亂」，再次展現自己的過人才幹；因為輝煌的戰功，劉銘傳還被升任為直隸（今河北省）總督（今省長），開始步入政壇。

◎ 劉銘傳在台的現代化建設和教育觀念，至今仍為後世所津津樂道。

◎ 劉銘傳的恩師李鴻章。

◎ 幾場勝戰的輝煌表現，讓劉銘傳升了官，踏入政界。

推動台灣建省

參加過平定太平天國、捻亂等重要戰役的劉銘傳，是清政府相當倚重的將領，不過這時位居中央大員的他，還與身為邊陲小島的台灣扯不上任何關係，直到1883年爆發中法戰爭，才讓劉銘傳與台灣的命運牢牢牽繫在一起。

十九世紀末年，由於清政府積弱不振、國立衰微，讓西方列強得以任意宰割中國。1883年，法國看上了清政府位於中南半島上的藩屬國越南，於是在越南發動中法戰爭，迫使清政府將越南交予法國統治。在此戰役中，法國同時進攻台灣，企圖讓清政府手忙腳亂、無法專心應付越南的戰事，但臨危受命前來守衛台灣的劉銘傳，卻在基隆、淡水兩大戰場擋下法軍，甚至在基隆攻防戰中擊傷法軍將領孤拔（Anatole Courbet），迫使法軍暫緩對台灣的軍事行動。

親自來台坐鎮指揮作戰的劉銘傳，在此戰役中深深體認到台灣對中國海防的重要性；當他回到大陸，便不斷上書朝廷，強烈建議政府將台灣地方政府的地位提升為省，並整頓台灣的軍備。其實清政府自日人侵台的牡丹社事件之後，就強烈感受到列強對台灣的野心，但官員應對的政策卻始終不夠積極，即使台灣捲入中法戰爭，也沒能讓清政府改變心態。直到劉銘傳提出重視台灣的意見，並受到李鴻章及其他大臣的強力支持，才讓皇帝宣布台灣在1885年建省；而推動建省的劉銘傳，也就被推派為台灣首任巡撫（今省長）。

洋務運動的實驗室

在平定太平天國期間，李鴻章曾聘請英、法籍軍事顧問，協助訓練中國軍隊使用洋槍、洋炮作戰。劉銘傳在這難得機會中接觸到西方的軍事科技，並發現西方文明的諸多優點，個性積極、務實的他，開始大力支持學習西方科技文明的「洋務運動」。與其他推動洋務運動的大臣們相比，出身軍隊、沒讀過多少書的劉銘傳，沒有其他人排斥西方文化的思想包袱，因此推動洋務運動更是大刀闊斧；此時百廢待舉、極需建設的台灣，就成為劉銘傳開辦洋務的最佳實驗室。

◎ 為了讓清政府無法顧及越南戰事，法軍另闢了台灣戰區。

劉銘傳來台就任後，便全心在這座蕞爾小島上，推行先前在大陸所學習到的洋務工作，如：興建鐵路、架設電線、成立郵局及電報總局、改革財政、丈田清賦及開辦新式學堂等。由於有中央政府重要官員的支持，劉銘傳得以在台灣進行軍事、產業、教育、交通各方面的重大改革，希望能以「一隅之設施為全國之範，以一島基國之富強」，將這裡建設成全中國最先進的模範省。

劉銘傳在台灣推行的新政中，最令後世所稱道的便屬修建台灣第一條鐵路。清末的自強運動中，軍事及交通是最被洋務大臣們所重視的項目；由於西方的船堅砲利是眾所皆知的事實，與民生也較無直接的關聯，所以軍事西化並未招來太大的非議，但交通方面就常遭地方官民的阻撓，尤其是鐵路，往往中央政府今天鋪設好鐵路，尚未準備好通車，隔天便被人民給拆成廢鐵，丟棄一旁，讓清廷中央傷透腦筋。在中國內陸做不成的事，劉銘傳決定在台灣完成它，他上書清廷議建鐵路，然後將被人民拆除的松滬鐵路所遺下的鐵軌、火車全運到台灣使用，於1891年完工通車，成為中國史上第一條官辦並運客的鐵路。

◎ 清兵練兵圖。

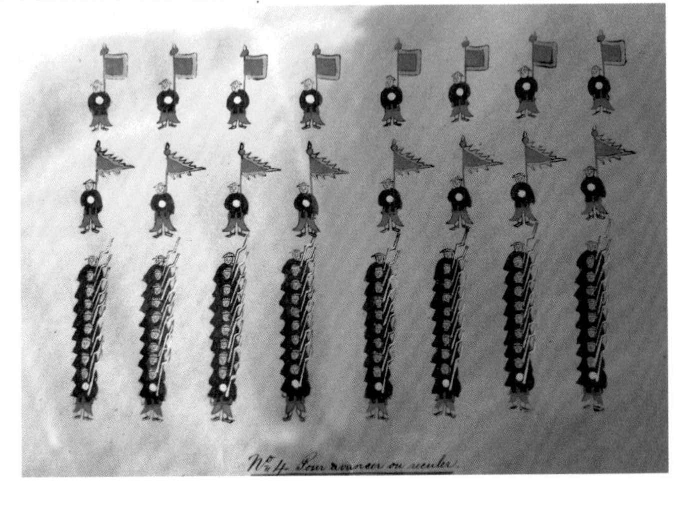

◎ 台灣第一火車頭——騰雲號。

◎ 劉銘傳建議建設台灣的奏書。

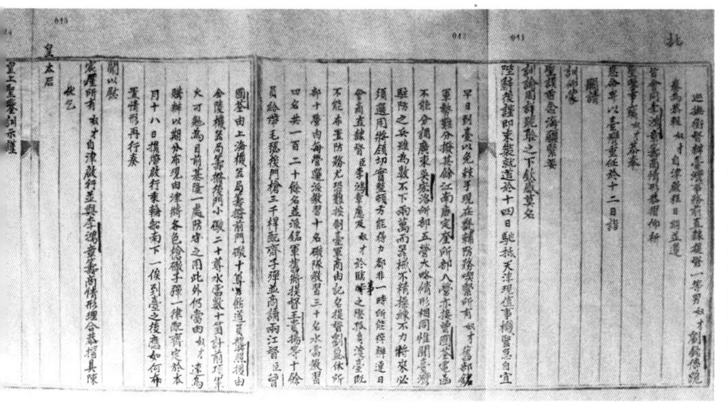

大稻埕的洋學堂

由基隆經台北到新竹的縱貫鐵路，或許是劉銘傳留給台灣最重要的遺產，但他還有另一項不容忽視的功績，那就是設立新式學堂。

架設鐵路、拉電線、裝電燈等硬體設施的裝設容易，但沒有能夠操作、維修這些新式設施的人員，那所有的努力便都是白費。因此，劉銘傳決意在台灣成立專門培育新人才的西式學堂，地點就挑選在台灣洋商最密集的地方——台北大稻埕地區；他在這承租兩間民房，分別作為「西學堂」和「電報學堂」的校舍。

西學堂位於大稻埕的六館街（現今台北市南京西路末段），成立於1887年3月，是台灣第一所官辦的西式學堂。劉銘傳設立此校的目的，是為了培養一批了解歐美科技，還能與洋人溝通、處理洋務的台灣子弟，因此西學堂除了教授中式學堂的傳統科目，另外還開了英、法、德文、外國史地、測算、數學等課程。為了表示對西學堂的重視，劉銘傳特地將自己的孩子也送到西學堂去上課。而設立於大稻埕建昌街（今台北市貴德街北段）的電報學堂，則是專為培訓電報發送、處理郵政等業務人才的專科學校，因此所學科目不如西學堂來得廣泛，可說是台灣史上第一所職業學校。劉銘傳希望透過西學堂及電報學堂，源源不絕地培養出專業的西學人才，如此一來，日後台灣在近代化建設中所需要的測量事務、機器製造、築鐵路、開煤礦、架電線乃至於海關稅收等業務，都能由當地的台灣人一手包辦，而不用處處倚賴洋人。

此外，劉銘傳於大嵙崁（今桃園大溪）設立了

「撫墾總局」，專門處理台灣山區拓墾事務。由撫墾總局處理的撫墾業務中，有一項是向原住民推廣教育，為了這個任務，劉銘傳在台北城內設立了「番學堂」，專收原住民學生。番學堂負責教育學生學習算學（數學）、漢文、官話（北京話）、閩南語及起居禮儀，並義務供給原住民學生衣食。番學院的設立，可說是自荷蘭人在新港社（今台南新港）設學之後，原住民再次接觸文明教育的大事，只是兩者前後相隔了二百餘年，由此也可看出清政府早期治理台灣的消極態度。

劉銘傳在百餘年前推行的各項建設，如今看來，確實是奠定台灣近代化基礎的偉大功業；但是在當時保守人士的眼裡，西化建設只不過是一堆花費無度的洋玩意，一般老百姓雖然對火車、電線這類事物感到新鮮，卻無法了解這些建設對交通、運輸的重大改革。再加上他強力推行丈量田地、整理稅收的財政改革，得罪了擁有大片田地的地主，引發一連串的反抗聲浪。最後在北京中央政府的壓力下，劉銘傳被迫辭去台灣巡撫一職，任職僅僅六年。而後續接任的邵友濂，原本就與劉銘傳理念不合，上任後便以財政困難、節省經費為由，將各項建設陸續停辦，其中包括劉銘傳苦心規劃的教育措施及機構。

台灣百餘年難得一見的官辦新式學校，僅僅活躍數年便因劉銘傳的離職而被迫停辦，成為曇花一現的泡沫。直到數年後日本人踏進台灣，西方新式學堂才又重新出現在台灣的教育舞台。

現代化的基石

1895年，清政府在甲午戰爭中敗給了日本，讓日本得以拿走台灣。此時身在家鄉的劉銘傳聽聞消息，因憂憤難耐而從此一病不起；負責議和的李鴻章曾寫信安慰他：「割台實有不得已的苦衷，但足下

◎機械局今為鐵路管理局，為劉銘傳時期所設，為修理火車大炮之用。

◎甲午戰爭後的和談圖。

銳意經營的台灣島，乃日人最喜歡，必繼承而不廢，仁兄多年淬厲的治績，也將永保不滅，幸安心勿慮！」這種言不及義的場面話，並無法平撫劉銘傳對於台灣割日的悲慟。就在日軍佔領全台的半年後，劉銘傳病逝於合肥故居，時年五十九歲。

1894年，清廷在中日甲午戰爭中慘敗，努力了三十年的自強運動宣告失敗！但真的如此嗎？

在中國大陸，自強運動的確沒有成功，但大力推動台灣建省的劉銘傳在台灣推行學習歐美的西化建設卻真的成功了。雖然整個計畫因為他的去職而停頓或廢棄，但後來台灣總督府要清賦、修鐵路，都是自其所留下的基礎去發展，成為日本人建設台灣的堅石。

至於劉銘傳在台推行的教育建設如：西學堂、電報學堂及番學堂等，由於當時台灣民智未開，一般民眾對西方文化的接受度不高，加上整體制度尚未完成便因為政治因素而停擺，使得這些自西方引進的新式教育無法在台灣生根。但是劉銘傳已經注意到：要以全面而嶄新的方法建設台灣，就需要不同於過往的人才，因此他積極推動培育人才的新式學堂。他對台灣教育的真知灼見，以及他對近代台灣發展的重大影響，至今仍為後世所稱頌。

文明同化台灣人 伊澤修二

一位來自於「日本屋脊」長野縣、出身貧農家庭的教育家，在日後為台灣的小學教育打下基礎，他是台灣新式教育之父——伊澤修二。雖為同化教育之推手，但並非以奴化台灣人為出發點，其對台灣教育的理念和用心，不應被歷史所遺忘。

1840年爆發的鴉片戰爭，讓向來自尊為上國的中國人見識到西方國家的船堅砲利，同時打破長期以來的鎖國狀態；另一方面，1853年一艘美國軍艦開進日本東京灣，同樣以優勢武力迫使德川幕府放棄鎖國政策。不同的是，日本在第一時間便有所反應，展開長達十餘年尊王攘夷的「倒幕運動」，成就了「明治維新」的西化改革；中國卻是直到二十年後英法聯軍的敗戰，才知道反省振作，辦起學習西方的「自強運動」。

1894年的甲午戰爭，是中日兩國西化運動的總驗收，它的成敗除了宣告兩國的西化改革成績，同時也決定了台灣的命運。戰後簽訂的馬關條約，讓台灣從古老的清帝國手中轉讓給新興日本，成為日本的殖民地。為了建設殖民地、發揮自己的長才，一批受過明治維新洗禮的日本菁英來到台灣，以親身實踐自己的理想！

其中一位來自於有「日本屋脊」之稱的長野縣、出身貧農家庭的教育家，在日後為台灣的小學教育打下基礎，他是台灣新式教育之父——伊澤修二。

◎伊澤修二為台灣的小學教育打下了基礎，是台灣的新式教育之父。

聽得見的「視話法」

1851年生於日本信州高遠藩（現今日本長野縣高遠町）的伊澤修

長才，一批受過明治維新洗

親身實踐自己的理想！

◎ 傳統日本武士向來尊貴、勇敢，且具有其社會地位，但隨著幕府時代的結束，武士也慢慢沒落、凋零。

◎ 馬關條約的簽訂，改變了台灣的命運。

二，幼名彌八，是一個沒落武士家族的長子，底下尚有六個弟妹。當時正值德川幕府末年，中央幕府與地方各藩爭戰不已、世局紛亂，再加上伊澤修二家中人丁眾多，因此家境極為貧寒。不過貧困掩不住伊澤修二的光芒，從小天資橫溢的他，十餘歲時便被選入高遠藩的進德館就學。進德館是高遠藩主為了培養輔佐自已的優秀藩士而設立的，進入此校的學童都經過精心挑選，其中成績優異者，還會被送到東京的學校繼續深造。在十九世紀末、二十世紀初期的日本，許多出身長野地區的政治家或學者都曾就讀於進德館。

1868年，最後一代幕府將軍德川慶喜宣布「大政奉還」，將國家政權歸環給天皇；隔年明治天皇登基親政，正式展開日本史上最大規模的西化運動——「明治維新」。為了讓國家躋身世界強國，日本政府開始有計劃地培養西學人才，於1870年在東京成立大學東校、南校（後來合併為東京帝國大學），選拔各地優秀人才為「貢進生」入校深造；伊澤修二便以高遠藩貢進生的身分進入大學南校就讀，接受西方新式教育。他在大學南校畢業之後進入日本文部省（教育部）任職，並被派任為愛知師範學校校長，當時的他不過二十四歲；隔年他又得到文部省的公費名額，前往美國麻薩諸塞州立橋水學院留學。

橋水學院歷史悠久，向來以培養師範人才著稱。日本政府之所以將伊澤修二送入此校，就是希望他能夠考察學習歐美的師範教育制度，並將之引進日本；然而，對伊澤修二來說，只吸收美國教育制度已不能讓他滿足，因此除了一般教育制度外，他還深入研究歐美各種教育思想，並和美國著名的音樂教育家梅森（Luther Whiting Mason）學習兒童音樂教育。橋水學院畢業後，伊澤修二繼續轉往哈佛大學深造，他不再攻讀文組學科，轉而專注於過去在日本便極感興趣的理科知識。

他廣泛選修數學、物理學、化學、礦物學、動物學、植物學等學科，並在課外自修當時在美國極為流行的進化論；他那旺盛的學習慾望有如一塊海綿，想吸盡西方的現代科學知識。

雖然伊澤修二的強烈企圖心及學習力都遠遠超越美國的同學，但他那腔調不正確的英語卻頻頻讓他在學習上遭遇挫折。所幸，在某次展覽會中，伊澤修二認識到能讓聾啞人士學會說話的「視話法」，這套方法是電話發明者貝爾博士的研究成果，透過使用三十個發音符號來代表說話時不同的發音方式及動作，讓聾啞人士得以藉由符號正確發音。伊澤修二認為視話法能改善自己的英語，於是拜訪貝爾矯正英語腔調，並趁此機會向他學習聾啞教育和語言學。

◎ 伊澤修二鼓吹的國家主義教育在日本執行得並不順利。

理想與現實的衝突

1878年伊澤修二學成返日後，立即被任命為東京師範學校校長，並開始致力於日本國內的師資、體育、語言、音樂教育，以及從事教科書編審的工作，其中尤以推動音樂教育著力最深。他回國後，曾上書文部省大臣（教育部長）暢言音樂教育的種種優點，促成日本政府在文部省成立「音樂取調掛」（音樂調查課），由伊澤修二擔任掛長，負責規劃全國音樂教育的內容、教材，以及師資培育。之後，他還特地自美國聘請恩師梅森來日本規劃學校音樂教育的課程，引介許多世界民歌、童謠給日本的學童，並改編日本童謠，他還親自為日本小學音樂課本的兒歌〈紀元節〉譜曲呢！後來日本政府將音樂取調掛自文部省獨立出來，成為東京音樂學校（今東京藝術大學前身），伊澤修二則理所當然成為該校的首任校長，並擔任此職長達十餘年。

◎ 伊澤修二致力於推動日本的音樂教育，還曾為兒歌〈紀元節〉譜曲。

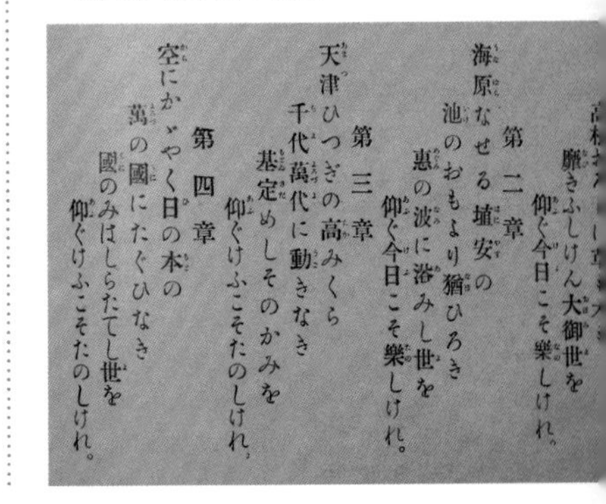

靡きふしけん大御世を
仰ぐ今日こそ樂しけれ。

第二章
海原なせる埴安の
池のおもより猶ひろき
惠の波に浴みし世を
仰ぐ今日こそ樂しけれ。

第三章
天津ひつぎの高みくら
千代萬代に動きなき
基定めしそのかみを
仰ぐけふこそたのしけれ、

第四章
空にかゞやく日の本の
萬の國にたぐひなき
國のみはしらたてし世を
仰ぐけふこそたのしけれ。

伊澤修二回國後，傾力將留美所學全數灌注於日本社會，例如：

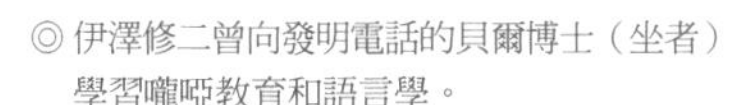
◎ 伊澤修二曾向發明電話的貝爾博士（坐者）學習聾啞教育和語言學。

他於1879年翻譯赫胥黎的《天演論》，將進化論引進日本，是日本第一本介紹進化論的書籍；他還將貝爾的「視話法」帶入日本教育界，使日本社會開始重視聾啞人士的教育權。他曾短暫擔任東京盲啞學校的校長，並出資請貝爾夫婦到日訪視聾啞教育的成果。另外，他也鼓吹「國家主義教育」，倡言教育的目的不在於求取個人的知識與利益，而是為了國家而存在的。1891年，他更辭去音樂學校校長一職，設立了「國家教育社」，在社會上推廣自己的教育理念。

由於伊澤修二主張為了維持國力的強盛，國家應廣設小學、獎勵兒童就學，並補助小學教育，這對當時財政支出十分窘迫的明治政府而言，無疑是相當沈重的負擔，因此文部省大臣施壓抑制伊澤修二的發言以及國家教育社的活動，使伊澤修二的國家教育運動受挫，讓他失意了好一陣子。不過，1894年的中日甲午戰爭給了他一個新舞台，讓他得以發揮自己的教育專長。

全新的舞台

甲午戰爭末期，勝券在握的日本幾乎確定可以自中國手中獲取新領土，因此政府開始規劃殖民地的人事布局。伊澤修二認為，這是一個可以將自己在國內無法實現的教育理念，轉向另一個新天地發展的大好時機，於是他開始不斷在報章雜誌上發表對殖民地教育的看法，並積極拜訪海軍大將樺山資紀。樺山資紀在1873年牡丹社事件時，曾多次來台探查台灣情勢，是日本著名的台灣通，因此被日本當局內定為首任台灣總督。伊澤修二向樺山資紀說明自己的理想和抱負，以及將國家教育移植到台灣的計畫，他認為「置兵鎮壓叛亂只是從外形上威服民心」，要維持新領土的秩序，就必須「征服其精神」；而要征服台灣人的精神，乃是普通教育的任務，所以日本政府「如果獲得新領土，必須擁有實施普通教育的覺悟」。當時日本政府對台灣的殖民政策傾向「同化」台灣人，正好與伊澤修二的提案不謀而合，於是樺山資紀便任命他為台灣總督府學務部部長。

伊澤修二渡台後，開始積極擘畫心目中的殖民地教育。他所鼓吹的國家主義教育，是將教育當作增強國力的工具，但剛納入版圖的台灣人與日本人是兩個完全不同的民族，要如何透過教育轉化成日本人的國力呢？伊澤修二認為：若要將台灣人變成日本的國力，就必須將其同化為日本人。且他相信「智育應該可以說是涵養德育的基礎，其實道德的高低一事，追根究柢是與智識的多少有頗大的關係」，因此在將台灣同化之前，得先將「尚未文明」的台灣人提升為「文明人」，故要先「同化於文明」再「同化於民族」；而讓台灣人認識文明並同化為日本人最好的方法，便是「國語（日語）教育」，於是「國語同化教育」就成為伊澤修二規劃台灣教育時最重要的政策。

◎ 為推行日語教育，所以國語傳習所陸陸續續地成立。

台灣的教育藍圖

他在就任之後，立即向樺山總督提出〈台灣教育意見書〉，在這份可說是日本對台教育方針藍圖的意見書中，伊澤修二將台灣的教育事業分做「刻不容緩的教育工作」及「永久的教育事業」兩項。所謂刻不容緩的教育工作指的便是推廣日語，因為唯有普及日語，讓台灣人通曉日語，台人才能和日人溝通，總督府的政令和教化才能通達無礙，並真正落實殖民地的同化政策；而台灣人所用的漢文，因為可以做為學習日語的輔助工具，所以不需要立刻廢止。在「永久教育事業」方面，則是建立模範小學、師範學校與編輯教科書，因為要建立

◎ 任命伊澤修二為學務部部長的樺山資紀。

◎ 芝山岩學堂曾因台灣人的抗日行動一度關閉，重開後便在原址設國語學校。

起台灣的教育體系，並長久經營下去，就必須從初等教育著手，設立一所學校做為日後教育機構的典型。另外，建立培養師資的系統也是不可缺少的。

在確立台灣教育的中心目標之後，伊澤修二規劃了台灣第一所日語教育機構——「芝山岩學堂」（今士林國小），並召集台北士林街上的漢人子弟到學堂修習日語，這所學堂同時也是台灣史上第一所新式初等教育機構。在這之前，台灣孩子的初等教育多半是中國傳統的漢學私塾，只教授傳統漢文儒學、沒有年級程度的分班、更缺乏一套有系統的教學內容及教材；而芝山岩學堂的學制課程，則是完全移植西方的新式教育，除了國語（日語）課之外，尚有數學、體育、美術、音樂、理科（自然）等過去漢學私塾無法教授的課程，課程內容則是有系統的隨年齡、程度進階安排。另外，學堂有固定的上課和休息時間，上課五天半放假一天，這是台灣島上過去未曾有過的教育體系。芝山岩學堂的設立完全改變了台灣過去的教育體制，也是台灣教育史上劃時代的轉捩點，從此台灣的教育發展進入了新的境界。

不過，第一所初等教育機構建立之後，接踵而來的是日語師資嚴重不足的問題，伊澤修二又馬不停蹄回到日本，徵召有志之士赴台為殖民地的教育事業奉獻，加入台灣國語教育的行列。初期伊澤修二徵募了六位熱心教育的日籍教師到芝山岩授課，計畫培養第一批芝山岩學堂的台灣學生，成為新的日語教師，卻沒料到1896年元旦台北抗日軍伏擊芝山岩，六位日籍教師全數罹難，芝山岩學堂因此暫時關閉，日語教育連帶中斷，這次事件也增加了召募日本教師來台的困難。

三個月後芝山岩學堂重開時，一方面為了培養永續的師資，另一方面則是為了訓練台籍人士成為日語師資，伊澤修二於同一地點設立了台灣第一所師範學校——「國語學校」，因此伊澤修二可說是台灣初等教育及師範教育之父。

再見，台灣

伊澤修二一直強調：日本和歐美國家不一樣，其他國家的殖民地統治者，都只是把這些地區當做純粹的殖民地，企圖於其中獲取資源以滿足母國的利益；但日本卻是希望「真的將台灣看成是日本身體的一部分」，一視同仁的看待台灣的人民，所以必須以教育為手段把台灣「日本化」、建設台灣。基於這樣的想法，伊澤修二竭盡所能將所學的教育理論及方法實踐於台灣島上：因為相信音樂教育的功能，所以將音樂排入課程，而且親自編寫教科書；他也將貝爾的視話法運用在矯正台灣學生的日語發音上，並把自己的教學經驗及研究匯集累積後，刊行成數本漢語及日語的音韻學專書或正音練習書。他甚至希望台灣的初等國語教育能夠普及，因此實施了無償式的入學制，也就是

◎ 國語學校學生們上課情形。

◎ 芝山岩學堂是台灣第一所初等教育機構，為台灣教育史劃上嶄新的一頁。

◎ 伊澤喜多男，日本第十任台灣總督，是伊澤修二的么弟。

◎ 前排坐著的四位日人老師皆於1896年1月1日於芝山岩事件時遇難。

所謂的免費入學就讀；為了獎勵台灣人民入學，甚至還給付就學者學習津貼，這對領台初期的台灣總督府來說，無疑是筆為數不小的財政支出。

才剛剛接收殖民地的日本政府，不但要面對台灣抗日義軍的頑強抵禦，還要著手規劃行政方針及清查整頓人口、財政。在沒有穩定的稅賦收入下，總督府的財政一直捉襟見肘，因此對伊澤修二的公費教育政策自是相當感冒。由於總督府當時的第一要務是「剿亂理蕃」、靖平台灣，於是民政長官水野遵大幅刪減了教育預算。此舉讓伊澤修二大感不平，多次和水野遵理論、抗議，但都得不到滿意的結果。1897年，伊澤修二為了教育經費的問題，與當時的台灣總督乃木希典及水野遵交惡，毅然辭去學務部長一職，離開了他曾熱烈渴望一展抱負的台灣島。

教育的實踐者

即使離開台灣學務部，伊澤修二對於台灣的教育依然扮演著重要的角色，他的後繼者雖不一定認同其教育理念，但在政策上都大致沿續他所訂下的制度。而伊澤修二回國後任職貴族院議員時，也曾多次為台灣統治問題提出建言，甚至舊地重遊來台視訪台灣的教育施行是否有進步。種種行動都是伊澤修二心繫台灣的證明。伊澤修二對台灣的濃重情感，也間接影響了他的么弟伊澤喜多男；喜多男在1924年日本內閣改組時被邀請入閣，但他卻因為哥哥的關係對台灣懷有親切感，放棄成為中央首長的機會，反而主動要求擔任台灣總督，成為日本第十任台灣總督。

除了持續對台灣的關注外，伊澤修二將其後半生投注於日本的聾啞教育、口吃矯正教育，以及中日的音韻學與語言學研究上；直到去世前一年（1916年），他還在整理出版中國話的正音研究書籍，並計畫將自己所研發的口吃矯正法，推廣到中國大陸去。這種畢生致力於教育、至死方休的熱誠情懷，實在令人感佩。

在日本近代史及教育史上，伊澤修二是明治教育啟蒙期的重要思想家；在台灣教育史上，他是為小學教育及師範教育鋪路的奠基者。雖然日本治台的同化教育政策出自其手，但他同化教育的中心思想，並非奴化台灣人為出發，這種對台灣教育的理念和用心，遠遠超過後來的統治者，因此伊澤修二於台灣史冊上的身影，亦不能被歷史洪流所遺忘。

不一樣的教育政策

對於推廣日語教育，後來的民政長官後藤新平認為：透過使用國語來改造台灣住民的風俗習慣、使其日本化，並非一件容易的事。就算學會國語，仍要長久時間才能改變台灣人的性格，這並不是二、三代就可以看到成效的。再者，強行普及國語反而可能會有遭致殖民地反撲的可能，他曾說：「如同德國在波蘭強制普及國語般的，積極的國語政策會遭到反抗而終至失敗，因此不可行之。」後藤新平認為，既然無法以國語來同化台灣人，當然就沒有必要為了對台灣人進行教育改造，而在全台灣普遍設立公學校的必要性。

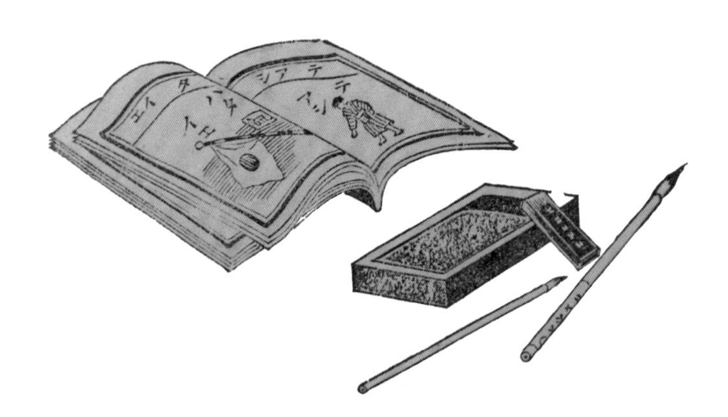

中山女高

日治台灣女性唯一的高中

◎ 台灣總督府國語分校附屬女學校是當時台灣唯一的女子高等學校。

◎ 初期的課程多屬於女子技藝的學習。

◎ 逸仙樓是中山女中的精神象徵。

從早期的台灣第一位女性畫家陳進、台灣輸血醫學的拓荒者林媽利、文學才女朱天文到作家林文月，台灣有許多位女性菁英都出身於中山女高。然而，要經過多少波折和心血，才能有今天的花草樹木、操場房舍以及濟濟人才呢？

1895年台灣被割讓給日本，之後來台籌備教育事務的伊澤修二為了培養師資，在芝山岩上設立了第一間師範學校「國語學校」，以培養公學校的教員；翌年，國語學校第一附屬學校向民眾租用住宅作為校舍，在士林東北端創設女子分教場，課程以各種女子技藝為主；歷經了數次變革，最後以「台灣總督府國語分校附屬女學校」定名，為中山女高的前身。

1919年，女學校獨立為「台灣公立台北女子高等普通學校」，並附設師範科，成為台灣當時唯一的女子師範學校，並在1922年升格為「台北州立台北第三高等女子學校」，由於當時台北州內已有專收日人的第一高女（今北一女）和第二高女，因此第三高女便開放供台灣女子就讀，也是唯一開放供台灣女性就讀的高中，其師範科則為台灣培養女性教員的唯一管道，所以當時的女孩子都以考入第三高女為榮，一旦穿上「高女制服」，就像是由灰姑娘變為公主一般！1937年新校舍落成，第三高女也跟著遷校到現今的校址，校舍中的逸仙樓，便完成於此時，它不僅代表了第三高女新的里程碑，後來還被列為三級古蹟，成為中山人的精神象徵。

戰後國民政府接收台灣，並將第三高女改名為「台灣省立台北第二女子中學」，並於1967年更名為「台北市立中山女子高級中學」，「中山女高」之名正式誕生。許多老校友的回憶裡，都認為中山女高有著相當嚴格的校風，學生們常戲稱學校為女監獄，但也因此培養出許多傑出人才。今日的中山女高，已不再是學生暱稱的「監獄」，它繼承了中山女中的傳統，同時也多了活潑的氣氛，走過了百餘年的時間，中山女高並沒有邁向年老，今日她正走向開創的時代！

醫學生的慈父　堀內次雄

如果不是這一位一生在台灣，且於台灣的醫學史中始終扮演主要角色的堀內先生，那麼台灣醫學史的記述就無法成立。

——台北帝大教授・森下薰

烽火漫天的40年代，日本軍隊的鐵蹄渡過南中國海，踏上了東南亞的土地。為了穩固後方局勢、讓前線作戰順利，台灣總督府開始羅織罪名，大肆逮捕島上的台籍異議分子。1941年的「東港事件」中，日本當局以逆謀叛亂的罪名，逮捕並囚禁台籍精英二百餘人，身為台灣文化協會創始者之一的吳海水醫生，也是其中的受害者。在這風聲鶴唳的時刻，所有人只能為皇軍舉臂歡呼，而不敢為無辜者伸冤；只有一位日本紳士不懼危險來到台北刑務所探望吳海水，他牽起吳海水的手，以最誠摯卻心痛的語氣告訴吳海水：「我確信你是無罪的！」

他，是吳海水的恩師、前台灣總督府醫學校校長、台北帝大醫學部教授，被後世尊為「台灣醫學教育之父」的堀內次雄。

◎ 日治時期，醫學校台灣學生心中都有一位慈父般的師長——堀內次雄。

與細菌奮鬥

1873年生於日本兵庫縣的堀內次雄，年少於仙台第二高等中學醫學專門部就學，畢業後續往長崎醫學專門學校深造，之後便進入日本陸軍擔任軍醫。1895年甲午戰爭後，堀內次雄隨著日本近衛師團首次踏上台灣的土地，但此次的隨軍經歷卻改變了他的一生。當時的台灣衛生環境及醫療條件極差，傳染病四處橫行的嚴重程度，讓堀內次雄留下深刻印象，日後的他憶起當時的台北城：「到處可見熱病、霍亂、腳

◎ 隨著近衛師團，堀內次雄首次來到台灣。

◎ 日治初期，台灣的衛生環境和醫療條件之差，曾讓日人感到退卻。

◎ 堀內次雄（右坐者）與其家人（右圖）。

氣，卻不知從何著手調查。何謂熱病？台灣哪些地方有傳染病？向來沒有人調查過，也沒有學校及醫院，好比突然闖進黑暗中一般。」如此惡劣的醫療衛生狀況，並沒有嚇倒這位二十二歲的年輕軍醫，堀內次雄直覺認為台灣需要他，這裡，將是他一生的舞台。

來台八個月後，堀內次雄自軍中除役回到日本。回國後，他馬上投入細菌學的研究之中，充實傳染病的相關知識。首先，他進入國際傳染病大師北里柴三郎的研究所，然後又轉往東京帝大向北里的恩師緒方正規學習，最後他求教於京都帝大的坪井次郎教授，專事鼠疫的研究。這一連串馬不停蹄的學習，全是為了重回台灣而做的準備。他拜師學藝的教授，在當時都已是世界知名的細菌學大師，且都從事鼠疫、破傷風、腳氣病等傳染病的相關研究，而這些傳染病正嚴重地戕害台灣這個島嶼。從堀內次雄的行動中，我們不難發現他重回台灣的決心與企圖。

1896年，透過坪井次郎的介紹，堀內次雄認識了當時擔任台灣總督府衛生顧問的後藤新平，並向其表達來台服務的強烈意願，於是後藤新平便安排他到台北病院內科服務。1897年台北病院成立醫學講習所後，堀內次雄又擔任講習所研究室的主任，專門負責細菌及血清方面的研究與教學。堀內次雄再次來台後，便專心致力於台灣本土傳染病的研

究，成為第一位發現證實台北有鼠疫病例的醫生。1902年，他在調查新竹地區流行的熱病時，確認此地的熱病實為登革熱；隔年他又驗出副傷寒Ｂ菌，檢驗出此菌的台灣第一例；而台灣最早提出流行性腦脊髓膜炎報告的醫生，也是堀內次雄。

堀內次雄的個性溫和而用功，不好喝酒玩樂，專心一致從事傳染病及免疫研究的工作。他白天一面在台北病院內醫治看診，一面又要到處採樣做病菌研究，夜間則整理研究成果及閱讀醫學書籍、論文，完全沒有任何休閒時間，過著猶如清教徒般的生活。這樣的生活作息，連院長山口秀高都看不過去，甚至多次自掏腰包，叫堀內次雄去買酒喝或做些其他的娛樂。

◎ 台北病院為台大醫院之前身。

獻身醫學教育

1898年，第四任台灣總督兒玉源太郎走馬上任，其左右手後藤新平是一位衛生行政專家。後藤新平深感台灣的醫療教育嚴重不足，加上在台日人亦覺得台灣有必要成立一所制度健全的醫學教育機構，於是在後藤新平的支持及山口秀高、堀內次雄等重量級醫界人物的奔走之下，台北病院的醫學講習所，終於在1899年獨立成為「台灣總督府醫學校」。醫學講習所升格為學校後，課程內容及深度較之前更加繁重而多樣化，堀內次雄每天得帶著醫學校的學生到台北病院內實習，有時甚至遠赴艋舺的仁濟院（今台北仁濟院）及愛愛寮做校外實習；當時的堀內次雄集醫療、教學、研究三職於一身，工作十分辛勞，可是他卻不以為苦。

◎ 堀內次雄有時會帶著學生到仁濟院作實習。

總督府醫學校成立之初，首任校長山口秀高曾創刊發行台灣第一本醫學專業雜誌《台灣醫事雜誌》，不過二年後旋即因為經費不足而

◎ 總督府醫學校第二任校長——高木友枝。

◎ 總督府醫學校的畢業證書，此時堀內次雄已是藥物學和衛生學的教授。

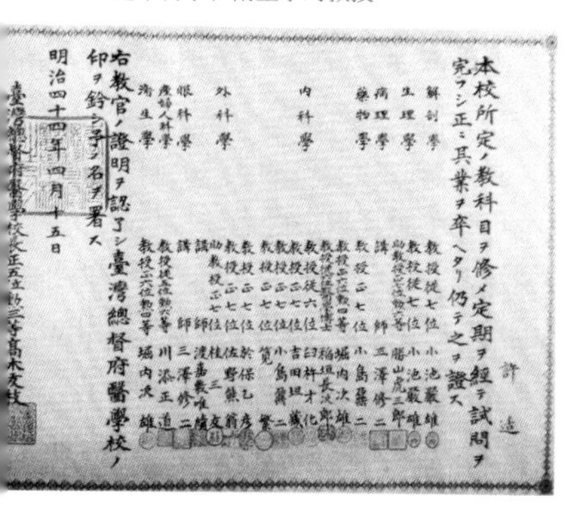
本校所定ノ教科目ヲ修メ定期ヲ經テ試問ヲ究フシ正ニ其業ヲ卒ヘタリ仍テ之ヲ證ス

解剖學
生理學
病理學
藥物學
內科學
外科學
眼科學
產婦人科學
衛生學

右教官ノ證明ヲ認了シ臺灣總督府醫學校ノ印ヲ鈐シ予ノ名ヲ署ス

明治四十四年四月十五日

臺灣總督府醫學校長正五位勳三等高木友枝

停刊。1902年，高木友枝接任醫學校校長，並成立供台灣醫生互相交流、切磋的組織——「台灣醫學會」，同時發行會刊《台灣醫學會雜誌》，由高木友枝擔任發行人，堀內次雄擔任主編。

沿續《台灣醫事雜誌》而起的《台灣醫學會雜誌》，提供台灣醫學界一個發表醫學研究、介紹醫界新知的園地。但當時台灣的醫學研究才剛起步，研究環境尚未成熟，醫學研究的專文相當少，再加上學會經費拮据，因此多次面臨停刊的窘境。但堀內次雄卻始終堅持必須辦下去，他常為了填補版面的不足，以各種不同的筆名撰寫醫學報告於雜誌上發表，甚至在1904年因日俄戰爭而被徵調到廣州期間，堀內次雄仍不忘投稿報導隨軍的衛生醫療實況。正因為堀內次雄的堅持，使《台灣醫學會雜誌》成為台灣醫學史上最重要、也最長壽的醫學研究雜誌。現今史家欲研究台灣疾病醫療史，進而整理台灣各科醫學疾病研究的過程，都得從《台灣醫學會雜誌》歷年刊本的文章中尋找史料，因為它是保存台灣本土醫學資料最完整的醫學雜誌。

1915年，堀內次雄接續高木友枝成為總督府醫學校第三任校長。由於他自台北病院成立之初，就在病院及醫學講習所服務，因此是三任校長中對醫學校教學實務了解最深的一位。在校務行政上，堀內在前兩任校長所奠下的基礎上，依據自己長年的實務經驗，擴充醫療設施、引進西洋醫療技術，並確立台灣往後的醫學教育中，關於醫生養成教育、醫療分科教育、醫院及學校體系分立的各項傳統。

學生眼中的堀內次雄，是位和藹可親的師長，提拔後進不遺餘力，台灣第一位醫學博士杜聰明便是一例。杜聰明在醫學校畢業後，希望以醫學研究為終生職志，堀內次雄二話不說便幫他在總督府中央研究所安插研究職務；而當杜聰明想留學深造時，堀內次雄也熱心為他爭取公費留學、寫介紹信，甚至在杜聰明拿到博士學位的前一年，便已在醫學校中為其安排職務，讓他得以繼續在學術環境中做研究。此外，台灣第一位女醫師蔡阿信也曾接受過堀內次雄的幫助。蔡阿信並非台北醫學校的校友，她原就讀東京女子醫專，四年級時因氣喘病回台休養，為免學業耽誤，遂懇求堀內次雄准許她在醫學校旁聽上課，幾經波折，堀內次雄被她的熱誠所感動，同意她與男學生共同上課。以上種種，使他深受台灣醫界景仰，他的學生便曾經稱他是「一位勇敢的開拓者、偉大的教育家、真摯的學者」。

◎ 對於參與文化抗日運動的學生們，堀內次雄（前坐者）非常關心，曾巡迴全島訪視。

◎ 1932年醫學校畢業照，前排右五為堀內次雄，右二則為杜聰明。

中日師生情

堀內次雄和醫學校學生的感情非常好，當時醫學校的台籍學生，每年都會在舊曆年前夕舉辦忘年會，堀內次雄每每不辭路遙、親往宿舍和台籍學生同樂；而且堀內次雄來台之後，便積極學習閩南語，故他常和台籍學生用閩南語對話，這些行為在其他日籍教師中是極少見的。堀內次雄的治校作風極為開明，日治時代能進入台北醫學校的台籍學生，多是台灣最頂尖的精英分子，時常對學校內外某些不合理、不平等的地方，發出抗議之聲，有時甚至發動全體罷課，但堀內次雄在裁決時總是站在正義的一方，不會偏袒任何人。對於台籍學生在校內進行的政治活動，他也多採取睜一隻眼閉一隻眼的態度，極少插手干預。他這般不以日本統治者自居，平等寬容對待所有學生的態度，在台灣學生中極得人望。

身為一個殖民母國的國民，堀內次雄對於台灣人的民族意識及「非武裝」抗日運動，始終抱持著同情、理解的態度。1921年台灣文化協會在台北舉辦成立大會，堀內次雄是三十位參與活動的日籍貴賓

◎ 杜聰明是堀內次雄提拔的優秀學生之一。

之一。由於文協的創辦人蔣渭水、吳海水等人都是他的學生，而醫學校的學生及校友也有十之八九是文協的成員，如賴和、韓石泉等人。因此堀內次雄的出席，除了理解台灣人的心情外，主要目的是希望保護這群學生不被場外伺機而動的日本憲警拘捕。

之後，文協在島內積極推動反殖民體制運動，台灣民族運動風起雲湧，台灣總督府大為緊張。堀內次雄擔心參與運動的畢業學生的安危，曾放下手邊的工作巡迴全島，一一訪視他們的近況，希望學生們別採取過於激烈的手段，並以自身安危為重。這是件吃力不討好的事情，因為學生們大多不領情，他們認為校長根本不了解他們的心聲。而總督府特別高等警察（簡稱特高，負責檢肅政治異議者）也認為他行跡可疑，派人跟蹤他好一陣子。堀內次雄不顧自身安全，拜訪參與政治運動的學生，此真摯的師生之情令人動容，難怪杜聰明博士曾說：「我們尊敬堀內次雄教授如慈父一樣。」

醫者的身影

1936年，總督府醫學校被併入台北帝國大學，成為台北帝大的醫學專門部，擔任醫學校校長達二十一年的堀內次雄也正式卸任；但他並未回國，反而留在台灣擔任帝大醫學部的教授，繼續為台灣的醫學教育竭盡心力。但來台四十餘年，擔任過醫學校校長、中央研究所所長，曾是台灣醫界最高領導者的他，卻因平素兩袖清風，落得居所破敗也無錢修補的窘境；當時的台灣醫界還為此特地發起募款，為他購置新宅，成為當時的杏壇佳話。不過，這座宅第卻在戰後被國民政府判定為「日產」遭到沒收，堀內一家人差點因此流落台北街頭，所幸有杜聰明等人的幫忙，才讓堀內次雄得以繼續留在改制後的台大醫學院任教，直到1947年舉家遣返日本。

1955年，堀內次雄病逝於日本，享年八十三歲，他的昔日弟子特地在高雄醫學院為恩師舉行追悼會，緬懷這位「聰明、厚道、克苦、謹嚴、沈著、簡默、慈祥，集所有美德於一身」，為台灣醫學教育奉獻半世紀的醫者。

台北帝大教授森下薫曾評論堀內次雄說：「如果不是這一位一生在台灣，且於台灣的醫學史中始終扮演主要角色的堀內先生，那麼台灣醫學史的記述就無法成立。」的確，台灣的現代醫學教育，是在總督府醫學校前三任校長——山口秀高、高木友枝、堀內次雄手中建立的，其中以堀內次雄的影響最大。

陪著台大醫學院由最初的講習所、醫學校、帝大醫學部一起走到戰後的醫學院，堀內次雄將人生最精華的五十一年歲月貢獻給台灣的醫學教育，他不啻是台大醫學院任期最長、影響最深的校長，更堪稱為台灣醫學雜誌的奠基者、醫學教育的領航員。

◎ 堀內次雄為台灣醫學教育之父。

◎ 醫學界曾為居屋敗壞卻沒錢修補的堀內次雄（前排中坐者）購置新宅。

台大醫學院

台灣醫學教育重心

◎ 台大醫學院的往日風情。

◎ 醫學校首任校長——山口秀高。

◎ 醫學校學生上課情形。

十九世紀末的台灣島，曾以可怕的傳染病猛襲初次大規模登陸台灣的日本人，親眼目睹這種情況的崛內次雄，多年後再度來台，早已作好萬全準備；他與山口秀高、後藤新平一同努力，在台灣創辦公立醫院、施行醫學教育，並致力改善公共衛生、健全防疫措施，企圖建立起完善的衛生醫療體系，台大醫學院則在這個過程中扮演了極重要的角色。

當山口秀高受後藤新平之邀，到台灣就任台北病院（今台大醫院）院長時，曾建議總督府設立醫學校，但未被接納，於是他轉而設立醫學講習所，並由崛內次雄擔任研究室主任，專責細菌和免疫研究工作。在醫學講習所小有成就後，山口秀高再次向總督府提出創辦醫學校，於是「台灣總督府醫學校」終於在 1899 年 3 月成立，成爲台灣正規西式醫學教育之濫殤，並由山口秀高擔任首任校長。

1915年崛內次雄升上校長，在醫學校服務長達二十二年。其任內，無論病人、學生，不分日、台，他都一視同仁的關懷與照料，爲台灣醫學界培養了不少的年輕人才。1936年，醫學校被併入台北帝國大學，改爲醫學專門部，堀內次雄雖卸下校長的職務，卻仍留任帝大醫學部教授，繼續爲台灣醫學教育盡心力，是影響台灣醫學教育最深遠的日本人。1937年，杜聰明受聘爲帝大醫學專門部教授，與恩師堀內次雄一同爲台灣醫學教育投注心血，成爲一段佳話；而杜聰明帶領學生研究蛇毒，更使日後的台大醫學院成爲全球研究蛇毒的權威。

戰後，國民政府接收帝大並改名爲國立台灣大學，醫學部也改制爲醫學院，但醫學院和日本醫學界並未就此一刀兩斷，當時部分的日籍教授被校方留聘一至兩年，成爲傳承台灣醫學教育的關鍵人物。如今日、台醫學界仍保持著良好的關係，多少與過去的醫學傳承有關。在前人開創、來者奮進的共同努力下，台灣的醫療水準與醫學技術不斷提升。創造出燦爛成績的臺大醫學院，至今仍持續爲台灣培養出專業優秀的醫師及研究者。

美術的園丁 石川欽一郎

儘管已走遍大江南北、閱歷過無數美好風光，石川欽一郎對台灣的自然景觀依然大加讚賞，盛讚台灣為「光之鄉」，因為「台灣無論陰晴或刮風下雨，始終在大地之間閃耀著亮眼的光芒……深具趣味的強烈陽光，彷彿為天地萬物覆蓋一層薄絹」。

「次高山又名雪翁山。山巔披雪的皎潔容貌，頗有高雅氣氛……如此壯觀的景色，遠勝於由信州・川中島望見的日本阿爾卑斯山群。」日本二十世紀初期的名水彩畫家石川欽一郎在其畫集《山紫水明集》中，為台灣的雪山山脈留下這樣的註解。石川欽一郎曾兩度來台，走訪全台的山水名勝，為台灣風景留下許多美麗倩影。他不是第一位把福爾摩沙的美景留在畫布上的日籍畫家，卻是將福爾摩沙之美介紹到東瀛最不遺餘力的一位。而他手中的那支彩筆，不僅是在畫布上揮灑，同時也在杏壇中上彩，為台灣的美術教育繪上鮮艷的色彩。

畫家與軍官

出生於日本靜岡的石川欽一郎，在1907年第一次踏上台灣。正值三十六歲青壯之年的他，當時受聘於台灣總督府，擔任陸軍部翻譯官。不久之後，他到台北國語學校（今國立台北教育大學）兼任該校的美術老師。陸軍軍官、美術老師這兩種截然不同的身

◎跟著日軍，石川欽一郎首次踏上台灣。（左圖）

大地之間閃耀著亮眼的光芒
天地萬物覆蓋一層薄絹。

◎ 除了繪下台灣的倩影，石川欽一郎也在台灣美術教育上揮灑色彩。

◎《山紫水明集》收藏石川欽一郎眼中的台灣風光（右圖）。

分，似乎很難出現在同一個人身上，但如果回溯石川欽一郎的求學經歷，就能理解如此特異結合的由來。

石川欽一郎，生於1871年，父親原是日本幕府時代靜岡地區的幕臣，明治維新之後成為沒落的士族，因而舉家遷往東京謀生。小學畢業後，石川欽一郎進入日本遞信省（交通部）東京電信學校就讀；名畫家小代為重此時正好在此校任教，石川欽一郎對美術的愛好，也就在此時悄悄萌芽。除了藝術的啟發，他也在學校內向一位洋人教師學習英文，這為他日後擔任軍隊譯官的語言能力定下基礎。電信學校畢業後，石川欽一郎進入日本大藏省（經濟部）印刷局擔任技工，當時同在印刷局工作的尚有另一位畫家石井柏亭，兩人時常相互切磋，並結伴拜訪西畫大師淺井忠，請其教導指點畫技。二十歲那一年，他加入了淺井忠成立的「明治美術會」，並在隔年參展第四屆「明治美術會展」，正式進入日本畫壇。

1900年，石川欽一郎受聘為日本陸軍參謀部翻譯官，這是他美術生涯的一大轉捩點，因為隨著二十世紀初日本對外戰爭的不斷開展，使得必須隨軍翻譯的石川欽一郎，比其他畫家同好們更容易遊覽世界各地，體驗各國的風土民情、藝術思想，從而重新檢討自己的美學觀念；正是這個軍隊譯官的身分，讓他得以來到了台灣——這座供他日後盡情揮灑彩筆的蓬萊寶島。

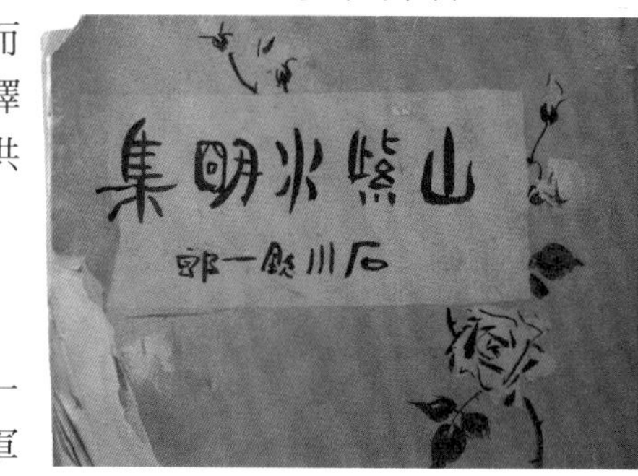

美麗的「光之鄉」

作為一位畫家，到戶外寫生是石川欽一郎最大的興趣；初次來台的他，除了日常軍務工作及兼職的學校教學之外，最愛背著畫架到處寫生。儘管已經走遍大江南北、閱歷過無數美好風光，石川欽一郎對台灣的自然景觀依然大加讚賞，盛讚台灣為「光之鄉」，因為「台灣無論陰晴或刮風下雨，始終在大地之間閃耀著亮眼的光芒⋯⋯深具趣味的強烈陽光，彷彿為天地萬物覆蓋一層薄絹」，令石川欽一郎深深著迷的「光之鄉」，從此就成為他畫紙上、文章中最常著墨的地方。

石川欽一郎開始大量繪畫台灣島上的風土民情，將其投稿或參與日本國內的畫刊、展覽，並在報紙上大力讚頌福爾摩沙的美麗，希望日本畫壇能認識這塊世外桃源，欣賞這裡不同於大和絹秀美感的樸質鄉土情懷。正因為他這樣用心地推薦台灣之美，使得日本畫壇開始注意到台灣，並有多位著名西畫家來台寫生或開畫展，間接讓台灣人認識到：除了黑白水墨畫之外，竟然還有色彩瑰麗鮮艷的西洋畫！不過，或許是離鄉太久引起了思鄉之情，也或許是希望吸收更多美術新知並充實畫技，石川欽一郎在來台後九年，辭去翻譯官一職返回日本。但當時的他從沒有想過，七年後自己又將因緣際會而重回台灣。

畫筆的承傳

1922年，國語學校才改名為「台北師範學校」的兩年後，學校就發生了日警在校園中對台籍學生拔刀恐嚇的事件，進而爆發台灣有史以來第一次學生運動。學生怒濤般的反抗震驚了總督府，於是下令逮捕數十位台籍學生，其中幾位學生領袖還因此遭到校方開除。雖然官方壓制了學運，然而校園中卻始終瀰漫著不安的氛圍，台籍學生的不平猶如地底深處不安分的熔岩，隱隱等待爆發的時機。也許是為了緩和校園裡的氣氛，師範學校校長志保田力聘對台灣極為友好的石川欽

◎ 在台灣，石川欽一郎常利用空閒時間背著畫架到處寫生。

一郎重回學校任教，此舉果然得到廣大的迴響，當1924年石川欽一郎再度出現在美術教室的講台上，教室內外又再度擠滿了學生，爭睹久違的大師風采。

◎ 對於石川欽一郎而言，台灣是一個美麗的「光之鄉」。

或許是為了回報台灣學生的熱情，也或許是推廣美術教育的使命感使然，石川欽一郎在課堂外又開立了「暑期美術講習班」，除了原本北師美術科的學生，校外愛好美術的青年也可報名參加。此舉吸引了許多學子前來受教，就連李梅樹這位畢業校友也頂著炙陽，自三峽風塵僕僕趕來上課。而石川欽一郎過去的弟子如：倪蔣懷、陳澄波，有時也會回來探訪老師，順道幫忙提點一下學弟們。就這樣，台灣的美術活動因為石川欽一郎的再次來台，而開始活絡起來。

如果說石川欽一郎首次來台的使命，是為了將台灣的美景介紹給日本畫壇，那麼他二度來台的任務，就是為台灣的西洋美術教育播種。再次來台的石川欽一郎，不再背著畫架到處寫生，而是站在畫架旁指導學生繪畫、培養學生對美術的興趣、增加學生的鑑賞能力，以及指導學生繪畫的技巧，鼓舞台灣學子走出自已的美術之路。就在他回到台灣的第三年，石川欽一郎鼓勵他的台灣弟子包括：倪蔣懷、陳澄波、陳植棋、藍蔭鼎等七人成立繪畫團體「七星畫壇」，以互相切磋研討畫技，並帶動台灣學子的繪畫風氣。雖然此會後來因為成員相繼赴日深造，只有短短三年便宣告解散，卻是台灣美術史上第一個由台人自組的畫會；而這七位「星星」之後都在台灣、甚至是世界的畫壇上各領風騷，展現出耀眼的光芒。

◎ 石川欽一郎和師範學校的學生。

骨與血

在七位弟子中，又以倪蔣懷和石川欽一郎的感情最深厚。倪蔣懷是石川欽一郎在台灣的首位入門弟子，同時也是台灣第一位水彩畫家，兩人情同父子。倪蔣懷在國語學校畢業後，便在台北暖暖公學校擔任教職，並先後迎娶了執掌北台灣礦業命脈的顏氏家族姊妹。他雖然手執教鞭，但心中最渴望的還是拿起畫筆盡情彩繪，所以當他教職任滿時，心中非常渴望負笈日本繼續學畫；但妻子的兄弟卻希望他能參與礦業生產，讓他甚為苦惱，於是倪蔣懷向恩師徵詢意見。結果石川欽一郎不但不鼓勵大弟子繼續深造，反而力勸其接手家族事業，因為他認為：此刻台灣的美術發展重點，應放在美術教育的紮根及推廣，同時支持畫家專心進行創作。但要發展美術教育或栽培畫家創作，都需要雄厚財力在背後支持，而台灣最缺乏的，就是美術活動資金的供應者。最後，倪蔣懷接受了老師的建議，放棄成為幕前接受掌聲和榮耀的專業畫家，轉而從商以推廣美術及贊助後進為職責，成為業餘的美術愛好者及台灣美術教育的幕後推動者。

1927年，石川欽一郎和多位弟子共同組成了「台灣水彩畫會」，推動台灣的水彩畫活動，而這個組織的一切活動經費，便是由倪蔣懷全額贊助。同年倪蔣懷又獨資籌設了「台灣美術研究所」，招收對美術有興趣的年輕人前來學畫，講師當然是由石川欽一郎擔任，台灣第一代西洋畫家便有多位是在此受教於他。石川欽一郎和倪蔣懷師生二人一主一輔，老師在教學上對學生傾囊相授、不斷提攜後進，以提升台灣西洋美術的水準，並鼓勵優秀學生留學深造；而倪蔣懷則在資金上大力浥注美術活動，不但開設美術研究所、邀請日本畫家來台開畫展，也長期資助年輕畫家出國留學。由於他們兩人的熱心推動和努力，台灣的西洋美術得以紮根茁壯，無怪乎石川欽一郎和倪蔣懷因而被後世學者稱做「台灣近代美術的骨和血」。

◎第一位以油畫入選帝展的本省畫家陳澄波（左），也是石川欽一郎指導的學生之一。

◎與石川欽一郎（右）感情極好的倪蔣懷（左），在日後也成為台灣美術教育的一大推手。

◎ 在台灣的西洋美術教育上，石川欽一郎是一位偉大的園丁。

◎ 由倪蔣懷（左三）籌劃的的繪畫研究所，由恩師石川欽一郎（前排右三）擔任講師。

台灣美術展覽會

石川欽一郎對台灣西洋美術的推動並不僅止於學校教育，台灣第一個定期的大型美術展覽「台灣美術展覽會」（簡稱「台展」），便是他和多位旅台日籍人士共同奔走催生的。1926年，一群旅台的日籍文化人士，包括報社編輯、學校教師和藝術愛好者集會商議，希望台灣能舉辦定期的美術展。原先認為由民間自行籌組即可，但顧及藝文人士多半生活拮据，資金籌措不易，加上總督府也想利用大型藝文活動攏絡人心，同時展示殖民統治的文化建設成果，因此最後「台展」轉由官方接手，由台灣教育會主辦。1927年10月28日，第一屆台灣美術展覽會在台北的「樺山小學校」（今警政署址）開幕，由石川欽一郎、鹽月桃甫、鄉原古統和木下靜涯四位旅台畫家擔任審查委員。

據當時報紙記載，台展開幕的第一天就有上萬人湧入會場參觀，入場券因而必須不斷加印；而原先準備十天份販賣的展覽目錄、作品明信片，也在一天之內銷售一空。如此盛況及觀眾的熱情，全是因為台灣從未有過這類大型的美術展覽，而這場展覽，也帶起台灣人認識西洋美術、欣賞畫作的風氣。第一屆台展入選西洋畫部的七十六名畫家中，有二十五位是石川的弟子，可見他在台展中的影響力。直到他1932年離台之前，年年都參與台展活動，並擔任審查員的工作，足見他對美術欣賞推廣普及的用心。此後台展連續辦了十屆，直到1936年，總督府接手主辦改稱「府展」為止。

推開藝術大門

1932年，台北師範學校的志保田校長卸任，受其邀請來台的石川欽一郎，選擇與其同進退辭職返日，從此未再踏上台灣的土地。離台並不代表石川欽一郎不再關心台灣畫壇，他仍然和台灣的學生保持聯繫，書信往來十分頻繁，關懷他們的生活及創作狀況，督促勉勵他們努力修習畫技。同時學生們也時常將自己的畫作寄給石川恩師評鑑，石川同樣會將自己的創作心得用書信分享給眾弟子們。這樣超越國籍的師生情誼，在當時並不多見。對於石川的關愛之心，他的弟子點滴在心，於是在他離台後，將其創辦的台灣水彩畫會改名為「一廬會」（石川字號欽一廬）。離開台灣後，石川繼續在日本多所藝術學院任教，並巡迴日本各地及朝鮮從事寫生，創作不輟。1945年二次大戰結束，石川也在同年9月逝世，享年七十四歲。

倪蔣懷、陳澄波、楊啟東、藍蔭鼎、洪瑞麟、李澤藩……這些大家所熟悉的台灣第一代西洋美術畫家，有一半以上是石川欽一郎的弟子，另外一半也直接或間接受過他的影響，因此稱石川欽一郎為「台灣西洋美術之父」，一點也不為過。石川兩度來台，前後共計十九年，他開啟台灣西洋美術的大門，帶領台灣人積極發展美術運動，造就台灣的美術人才。他在台灣土地上撒下了美術的種子，並且細心呵護、看顧讓它們發芽茁壯。

◎ 台灣西洋美術教育之父——石川欽一郎。

◎ 首次台灣美術展覽會在石川欽一郎等人的奔走下催生。

國立台北教育大學

教鞭與畫筆的結合

◎ 石川欽一郎筆下的芝山岩。

◎ 台北師範學校上課情形。

◎ 日治時代台北師範學校男生澡堂。

1895年，伊澤修二創設了台灣第一所國民小學——芝山岩學堂。雖曾因日籍教師遭到抗日分子殺害而一度停辦，但爲了培養台灣公學校的師資，總督府設立了「台北國語學校」，重開的芝山岩學堂則成爲「國語學校附屬芝山岩學堂」。

1919年，國語學校改名爲「台北師範學校」後，於1927年被總督府劃分爲專供日本學生就讀的台北第一師範學校、日台共學的台北第二師範學校，並迫使原本就讀於台北師範學校的台灣學生前往台北第二師範學校，導致台灣學生不滿且引發學潮。直到太平洋戰爭期間，兩校才合併爲台灣總督府台北師範學校。

戰後被接收後，國民政府又將兩校分開設立，和平東路的校本部改名爲「台灣省立台北師範學校」，愛國西路的預科及女子部則獨立爲「台灣省立台北女子師範學校」。台北師範學校則在歷經幾次改制後，成爲今日的「國立台北教育大學」。

此外，國立台北教育大學更是培育台灣早期西洋美術家的搖籃，尤其在石川欽一郎分別於國語學校和台北師範學校兩次執教美術時，都啓發了不少台灣學生，如：台灣首位水彩畫家倪蔣懷、台灣首位以油畫入選日本帝國美術展覽會的畫家陳澄波，還有李梅樹、廖繼春、李石樵、王白淵、李澤藩等人，除了活躍於畫壇外，部分具有良好美術基礎者也長期任教於學校，獻身美術教育研究與教學，成爲台灣美術教育的重要元老。而美術教育也成爲該大學的重要特色，與台灣的美術發展史息息相關。

雖然日本創設國語學校是爲了培養日籍教育人員，但就讀師範學校的日本人始終不多，反而是台灣學生在持續增加，甚至演變成以培育台籍師資爲宗旨的學校。更令人意外的是，這裡竟然還孕育出一群描繪台灣鄉土的藝術家和各界發展卓越的人才，洋洋灑灑地畫上燦爛的一頁又一頁。而往後，相信國立台北教育大學也將繼續培養更多的人才！

文化啟蒙的推手 林獻堂

林獻堂深知教育對於啟蒙台灣民智的重要性，因此創辦台人中學、參與並支持社會教育活動，成為他為台灣的自主發展盡心貢獻的方式。教育台灣民眾，或許並不是林獻堂的最終目標，但他為台灣社會教育所做的貢獻，卻成為台灣人共同珍惜的歷史回憶。

1754年，一位名為林石的年輕人為了脫離故鄉貧困的生活，隻身由福建漳州偷渡來台。來台開創事業的他，選擇定居在大里（今台中大里），並專心拓墾、務農，逐漸有了一番成就。然而，他後來卻因牽扯入1786年的林爽文事件被補入獄，多年累積的財產全數充公，子孫被迫四處逃散；其中長子林遜的遺孀黃端娘帶著兩個幼子林瓊瑤、林甲寅，遷居鄰近山區的阿罩霧（今台中霧峰），母子三人在山林裡搭起草屋，過著艱困的生活。

從窮小子到大少爺

所幸，林甲寅長大後，靠著經商、燒製木炭及開墾荒地逐漸致富，重新開創林家事業的第二春。為避免家道中落，林甲寅死前家產分為四份，交付膝下四位兒子經營，其中以「下厝」林定邦、「頂厝」林奠國兩門子孫最有成就：「下厝」一門代出武將，為政府國家出力，「頂厝」則培養子孫讀書、經商，成為帶動地方經濟的富商。在他們的經營下，林家成為霧峰地區鼎鼎有名的大家族，「霧峰林家」之名也傳遍全台，與北台灣的「板橋林家」不相上下。

「頂厝」子孫中，以林文欽最為人所知，他是當時霧峰林家中唯一參加科舉考試獲得舉人名銜的成員。在林文欽的經營下，「頂厝」

◎ 林獻堂深知教育對台灣人的未來有很重要的影響，因此創辦學校，使人民有機會接受中等教育。

的林獻堂，則是這波台灣文

◎ 經過九二一地震，整修後霧峰林家一景。

◎ 林獻堂（右三）與福州等地商賈士紳合照。

林家的事業十分龐大，其經營範圍之廣，幾乎包括了現今整個台灣中部；而林文欽本人更是中台灣影響力最大的仕紳之一。但日人治台後，林文欽從此深居簡出，不理世事，以消極的態度抵制日本人統治。在父親的影響下，「阿罩霧三少爺」林獻堂於日治五十年期間，領導台灣知識分子從事文化抗日運動，成為台灣人「文化抗日」的精神領袖。

文化抗日的三少爺

林獻堂，名朝琛，號灌園，獻堂是他的字。七歲時，林獻堂開始在自家的私塾接受啟蒙教育，私塾傳授的儒家典籍，給了他深厚的漢文化根柢。而父親以身作則的家庭教育，也深深影響了他的性格：林文欽待人和善而熱心公益，平日修路建橋、施診賑災；地方發生變亂則號召民兵平亂，中日甲午戰爭時，他還曾組織民兵準備對抗日本。有這麼一位溫和慈善又以天下蒼生為己任的父親，是影響林獻堂長期投身於台灣民族活動的重要原因之一。

日軍接收台灣時，林獻堂在祖母命令下，率領全家四十餘口回福建泉州避難，當時的他僅是一個十五歲的少年；兩年後，十七歲的林獻堂又帶著全家返台定居。小小年紀便領著全家歷經如此顛簸的生活，這番經歷養成他樸質的生活態度，同時也讓他深深體會到亡國的飄零與痛苦。十八歲時，林獻堂娶了出身彰化望族的楊水心為妻，秉性仁厚、精明過人的她，對林獻堂一生的行誼和事業有著決定性的影響。在林文欽客死香港後，頂厝林家的製腦（樟腦）及製糖等家族事業便由林獻堂接管；1905年他更被邀請擔任台灣製麻株式會社董事。漸漸地，「阿罩霧三少爺」成了林家的代言人。

1907年，林獻堂首次旅遊日本，在古都奈良巧遇梁啟超，雖然這兩個人一個不懂北京話、一個不懂台灣話，卻仍能以筆相談，梁啟超寫下：「本是同根，今成異國，滄桑之感諒有同情……。」更是牽動二人心中共同的感慨。談及抗日的問題時，梁啟超認為當時的中國自顧不暇，無法幫助台灣脫離日本，所以台灣抗日，只能廣加結識日本中央軍政顯要，透過中央政府的影響來牽制台灣總督府對台灣的控制。梁啟超的這番話，從此影響林獻堂的溫和抗日路線。

不諳軍事、政治的林獻堂，選擇以文化活動為他主要的抗日手段，他參與蔡惠如、林幼春、林痴仙等人組織的「櫟社」詩社，常在自家的「萊園」聚會吟詩、填詞、抒發個人情感，並暗中討論抗日之事，使原本以淬礪品德、保持漢學文化為目標的櫟社，染上一層濃厚的民族色彩。而霧峰林家的萊園也逐漸成為各地名流、墨客，以及反日者的聚集地。1914年12月20日，林獻堂更與日本維新志士坂垣退助在台北成立「台灣同化會」，企圖以傳播文化為名，爭取台灣人的平等待遇；不過這樣的動機，卻被總督府發現了，才不到一個月，台灣同化會就被總督府以妨害公共安全之名下令解散。

首開台人中等學校

在林獻堂進行文化抗日的同時，台灣人自己也逐漸意識到與日本人有著明顯的差別待遇，尤其在教育方面。日治時期，「公學校」是台灣人接受教育的主要機構，而原本活躍於清治時期的民間教育機構「書房」，進入日治時期後，不是被迫轉型成公學校，就是被改制成教授日語、算術的「改良書房」。但不論是公學校或是改良書房，台灣學生都只能從中接受最基礎的初等教育。

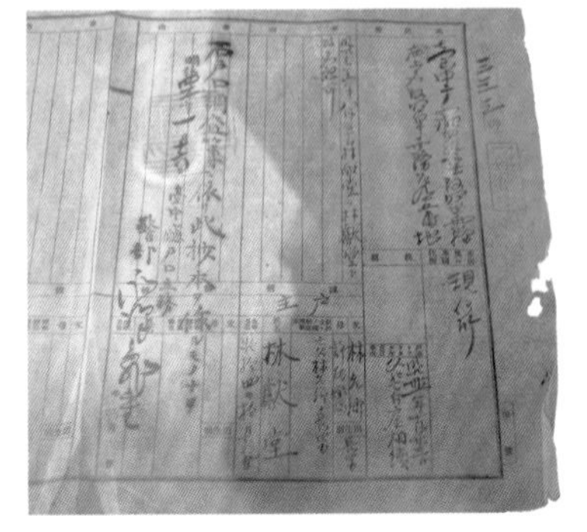

◎ 林獻堂家的戶口名簿。

◎ 林獻堂（左）與妻子楊水心（右）壯年時的合影。

◎ 霧峰林家內的櫟社紀念碑。

◎ 在霧峰的櫟社三十年紀念。

在日本的統治下，台灣人雖然獲得了基礎教育的機會，但可供學生繼續接受中等教育的教育機構，卻同樣因為日本人的限制而明顯不足。部分家境富裕的台灣學生選擇背起行囊，渡海前往日本或中國留學，但大多數的學生都因無法負擔龐大的留學費用而被迫放棄學業。無形中，已大大壓抑了台灣本土優秀人才的誕生和台灣發展的腳步。

林獻堂深知，教育對台灣人的未來是非常重要的，因此他常常資助學生到日本求學，但因此得到幫助的學生只是少數。所以，林獻堂原有意將為祖母慶生的祝壽費用，做為台灣人留學海外的獎學金，但幾經考慮之後，他決定直接在台灣設立一所中學，徹底解決台灣人缺乏中等教育機構的問題。

1914年，在林獻堂的號召下，同族堂兄林紀堂、林烈堂紛紛慷慨贊助，再加上中部仕紳辜顯榮、吳德功、蔡蓮舫及北部的林熊徵等人的共襄義舉下，共同向總督府請願發起創建台中州第一高等中學的運動。由於林獻堂的登高一呼，再加上林烈堂、辜顯榮等人的奔走，全台仕紳富豪紛紛解囊，最後募得建校基金二十四萬八仟八佰二十圓。

從治台之初，日本政府就擔心進步的教育會使殖民地人民覺醒，因此總督府對台灣人的中等、高等教育並不積極；加上致力研究台灣的經濟學者矢內原忠雄也提醒當局，林獻堂等人的創校要求「是台灣民族運動第一聲」。總督府最初並不願意同意台灣人創辦中學的要求，但後來仔細分析，日本人發現，參與創校募款運動的台灣人，多是地主出身的仕紳或社會上的知識分子，這些人多半與日本政府官員有著良好互動，同時也是支持日本討伐原住民行動的重要金主。為此，總督府最後同意林獻堂的創校要求，不過卻同時附加了但書：由仕紳捐錢、捐地建學校，但由總督府負責管理。最後，在雙方的折衷協調下，一所專門招收台灣學生的中學終於在1915年5月正式開學，這座座落於大墩街附近的公立台中中學，就是現在台中一中的前身。

台中中學的創立，雖然沒有完全突破總督府「愚民」的教育政策，師資及教育水準也不能與日本人就讀的中學相比，但它的成立是結合全島仕紳為台灣人的教育權共同努力而來的，對台灣意識的提升和台灣人教育權益的爭取都有指標性的意義，的確是有著「台灣民族運動先聲」的意味。對台灣人而言，台中中學則是第一間台人自設的中等學校，延續至今的台中一中則是培養中部地區優秀人才的搖籃，可以說影響深遠。而日本政府也因此開始重視殖民地的教育問題，日後並有台北帝國大學的出現，一方面是為了投合台灣人的需要所建，另一方面則是為了培養經營殖民地的日本人才。

開民眾之智

在社會教育方面，林獻堂也是有錢出錢、有力出力。1919年，林獻堂組織「新民會」並擔任會長，再邀請蔡培火負責發行《台灣青年》，開始從事台灣人的啟蒙運動，並發起廢除「六三」法案的一連串行動。隔年，他更與蔡惠如等人展開長達十三年之久的「台灣議會設置請願運動」，希望藉此脫離總督府的殖民統治、爭取台灣的政治自主空間；只可惜，由台灣人先後發起十五次的議會請願運動，最後多在總督府的干預下宣告失敗。林獻堂心中「由台灣人組成管理台灣的議會」的理想，在日本的統治下雖已是一個不可能實現的幻影，但

◎影響林獻堂文化抗日的梁啟超。

他帶領的台灣議會設置請願運動，卻是整個日治時期由台灣人發起規模最大、歷時最久的政治運動。在這樣的影響下，蔣渭水在1921年10月17日成立「台灣文化協會」時，便理所當然推舉林獻堂擔任文協總理；而林獻堂本身，也積極協助並參與文協的各項文化活動，如：在各地設讀報社教導人民讀報、舉辦講習會對民眾進行思想啟蒙、組美台團放映影片等等。

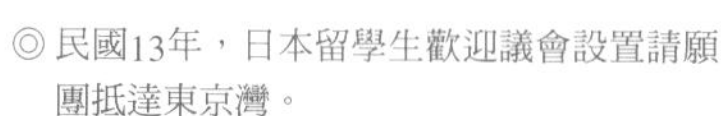

◎ 民國13年，日本留學生歡迎議會設置請願團抵達東京灣。

1924至1926年，文協為了促進台灣民智開化，一連三年舉辦「夏季學校」，號召台灣留學生返台為台灣民眾介紹當時西方的政治、社會新知。林獻堂不僅提供霧峰林家宅第的萊園作為活動場地，更負責整個活動期間的住宿和食費，對文協活動的支持可以說是不遺餘力。文協在各地舉辦的文化演講會及各種社會教育活動，可以說是日治時期台灣文化啟蒙運動的重心。雖然過程中一再遭到總督府的干涉與壓制，但不可否認的，文協已成為當時一般大眾乃至於知識分子接受西方新知的重要媒介，其中對文協活動竭盡心力加以支持的林獻堂，便是這波台灣文化啟蒙運動的重要推手。

無言的抗議

太平洋戰爭結束後，在台灣進行多年殖民統治的日本人，被迫收拾行囊返回故國，台灣人則滿心期待地迎接「祖國」的到來。但新政府帶來的政治混亂與經濟蕭條卻讓人相當失望，二二八事件及其後的白色恐怖時期，更讓許多台籍菁英遭受政治迫害，造成台灣長期的人才斷層。

事實上，林獻堂對接收台灣的行政長官公署表現深感失望，他曾向中央政府表達接收之後台灣人民的痛苦，以及對台灣政治的批評，卻未被接納；長期為台灣民眾發聲的他，卻被行政長官公署列為「台省漢奸」，還因政府強制徵米的不當措施而遭受武力威脅。跨過日治五十年歲月的林獻堂，曾遭受過總督府軟硬兼施的威嚇壓逼，也見過文協內部因改革方向不同而分崩離析的終局；而好不容易盼來的「祖國」，又沒有為台灣帶來較好的未來。這些事件一再地粉碎台灣的美好未來，也同時摧毀了他的信心。加上1948年後，政府陸續推動「三七五減租」等土地改革措施，讓霧峰林家的家族事業大幅萎縮，甚至使得家族本身開始沒落。至此，林獻堂灰心了，他決定脫離這個是非之地，寧願漂泊異鄉，也不再參與政治。

1949年9月23日，這位一生不說日語、不著和服的「台灣第一公民」，以治療頭眩為由，從此旅居日本，再也不曾返台；政府曾派與他熟識的連震東等人向他遊說，卻都被他加以拒絕。林獻堂曾在日記裡提到，等到台灣政治清明的那一天，他就會回到台灣；可惜的是，在他的餘生裡，這個心願終究無法如願。1956年9月8日，這位曾廣受台灣人尊崇的「阿罩霧三少爺」，最後因病客死異鄉。

身為日治時期最有影響力的台灣仕紳之一，林獻堂以各種方式向日本人爭取台灣人的民族自主。林獻堂深知教育對於啟蒙台灣民智的重要性，因此創辦台人中學、參與並支持社會教育活動，成為他為台灣的自主發展盡心貢獻的方式。

◎ 民國12年，台灣民報社會長林獻堂（首排右三）與台灣新民報社同人的會照。

◎ 民國44年，林獻堂（左）與蔡培火（右）於東京寓邸的合影。

台中一中

台灣之聲

◎台中一中初期的外觀。

◎午餐時間，學生們在食堂進食。

◎放學囉！今天的課程就到此結束。

日治時代，由於總督府擔心接受高等教育的台灣人會反過來對抗日本人的統治，因此在日本接收台灣的頭二十年期間，不曾爲台灣人設置一所中學。但隨著台灣人對教育的渴望逐漸高漲，一些有識之士便開始想要爲台灣人辦一間中等學校。

1913年，台灣中部士紳林烈堂等三十餘人聯名向台灣總督請願，希望能自行籌建供台灣人就讀的中學，幾經波折後終於獲得許可，這所專門招收台灣子弟的公立台中學校，是台灣人自己要求成立的第一所新式中學。然而，學校的經營權卻掌握在總督府手中，台灣人只被准許興建校舍等硬體設施。雖然台中中學開放給台灣人就讀，但在課程安排上以日語教學及技能科目爲主，對學校學生的管理也特別嚴格，再次突顯日本人對台灣人教育權利的歧視及限制。

1927年，台中一中（1921年更名）爆發了轟動台灣全島的罷課事件：校內中村廚夫長之妻，明知食材中有鼠糞不能食用卻故意不提醒廚師，差點讓學生誤食不潔的食物，因此五年級住校生要求舍監辭退中村，卻因中村是日本人而遭學校當局拒絕，還勒令五年級住校生全體退宿，結果引起全體住校生公憤，釀成罷課風潮。最後在台中一中畢業校友們的聲援下，校方才撤銷對學生的處分。

台中一中的創建，對當時台灣意識的提升和台灣人爭取權益的決心，有相當大的積極效果；縱然成果不如預期，但確實增加了台灣人接受中等教育的機會，也顯示當時台灣民眾對教育的重視。1922年「拒絕日人更改校名爲二中」的抗議事件、1927年因「炊事事件」爆發的罷課活動，更是充分展現學生們承襲自父執輩的傲骨精神。

戰後，台中一中歷經幾次改名，於2000年改制爲「國立台中第一高級中學」。直到現在，校內創校紀念碑上的「吾臺人初無中學，有則自本校始」一語，仍爲一中人所深深自豪！

自覺年代的先鋒旗手　蔣渭水

當蔣渭水一個人在台上演講時，台下卻有二十幾個警察監視著他的一舉一動。女兒蔣碧玉對此有相當深刻的印象：「父親和他的同志們時常晚上去演講，但到半夜時卻是另一批人回來給他們拿衣服，說是又被日本鬼子給捉去了，這種事家常便飯。」

1915年，台灣人大規模武裝抗日的西來庵事件爆發，但結果卻是台灣人死傷慘重、徒勞無功。自這場戰役後，台灣人明白「武裝抗日」已不切實際，他們選擇放下刀槍炮彈，用頭腦、知識開啟理性抗爭的道路；他們要以爭取「自決」的呼聲對抗總督府，以「非武裝抗日」的方式，迎接一個「自覺的年代」。領導這個非武裝革命時代的先鋒旗手，就是蔣渭水。

◎ 醫學院時期的蔣渭水。

從乩童到醫生

蔣渭水，字雪谷，1890年8月6日生於宜蘭。年幼的蔣渭水曾出入廟會當過長達七年的「兼職」乩童，但他清楚自己其實並沒有傳達神明意旨的能力，甚至還誤導前來求神開導的信徒；這樣的經驗，讓他往後對民間的迷信惡習一直抱持著嚴厲抨擊的態度。父親蔣鴻章雖以替人卜命為業，卻很重視孩子的教育，他將蔣渭水送往宜蘭著名的教育家張鏡光（曾編纂《噶瑪蘭廳志》）門下求學，為蔣渭水奠定了深厚的漢學基礎。

十七歲時，在父親的准許之下，蔣渭水才得以進入宜蘭公學校四年級就讀，並跳級六年級，修業僅僅兩年，之後便考入當時台灣的最高學府——總督府醫學校。在醫學校期間，蔣渭水是同學間的領導人

◎ 大安醫院是台灣民報的發行支部，後排左一為蔣渭水。

物，但他也曾因毆打日本人而被禁足二個星期；此外，他還經常寫文章批評日本當局的不當施政。年少蔣渭水的心中，一股對於總督府殖民統治的不滿正逐漸滋長著。

自醫學校畢業後的蔣渭水，回到故鄉宜蘭的醫院實習，實習結束後他再度前往台北，並於1916年在大稻埕開設大安醫院（原址為今延平北路義美食品），隔年更在醫院對面開起餐廳「春風得意樓」。雖然蔣渭水曾自嘲此時開餐館、當醫生的五年歲月是他人生中的「悲觀時期」，但春風得意樓是他得以廣結同路志士的場所，而大安醫院不僅是蔣渭水執業的診所，同時也是他日後從事文化運動及政治活動的根據地：台灣文化協會本部、台灣文化協會會報發行處與編輯部、《台灣》和《台灣民報》在台灣的支部都設於此；張我軍從北京返抵台時，便曾借住大安醫院，為《台灣民報》撰稿；總督府醫學校及台北師範學校的學生們，更常在此與蔣渭水熱切討論台灣的未來。

◎ 西來庵事件沒收的旗幟與武器。

◎ 蔣渭水曾經就讀過的宜蘭公學校。

為台灣社會把脈

1920年11月，蔣渭水在台北成立了一家「文化公司」，這家文化公司專門自海外引進各種報章、雜誌和書籍，供一般大眾及知識分子學習、吸收，並研究當時風行於西方世界的民族運動新知。他更進一步邀請謝春木、盧丙丁、蔡朴生、李應章、吳海水、何禮棟等人，向台灣的知識青年推廣閱讀《台灣青年》（同年七月由蔡惠如於日本東京創刊）。文化公司所肩負的任務，就像是帶著台灣民眾先做好暖身運動一樣，好迎接十一個月後台灣文化協會的創辦。1921年，蔣渭水在因緣際會下結識了林獻堂，並開始參與台灣議會期成運動的活動。10月17日，蔣渭水創立了台灣文化協會，與林獻堂一同推動台灣的文化、政治改革。

文化協會成立不久後發行《會報》第一期，身為協會專務理事的蔣渭水，特別在會報中發表一篇〈臨床講義〉，以醫生為病人問診的方式，替台灣的未來把脈。他指出：名為「台灣島」的病患罹患重病，病徵有：「……志慮淺薄，不知永久大計，只圖眼前小利，墮落怠忽，腐敗，卑屈，怠慢，虛榮，寡廉鮮恥，四肢倦怠，惰氣滿滿，意氣消沉，了無生氣。」蔣渭水進一步觀察，發現「台灣島」看似思考力發達，但腦袋不充實，是愚蠢的低能兒；經過診斷，證實「台灣島」的病因為「智識的營養不良症」。確認病因後，蔣渭水為這樣的台灣開立了長期治療處方：「正規學校教育——最大量；補習教育——最大量；幼稚園——最大量；圖書館——最大量；讀報社——最大量。」身為醫生的蔣渭水，以淺顯扼要的方式向社會大眾明白點出：台灣社會生病了！它需要接受治療，而能夠治療台灣社會的方法，就是教育、教育、教育。

◎ 台灣民報的相關成員。

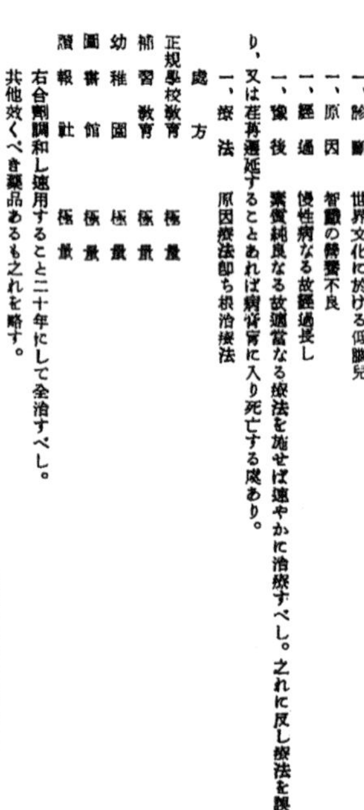

腹部を觸診するに腹閉に細く凹んでゐる。腹壁は皺だらけで恰も經產婦の如く、白線を有す。是れは大正五年來り歐洲大戰の一時的僥倖に由つて、一時頓に腹を肥やしたが、昨年夏より講和風を引いて腸感冒を起し、大へんな下痢を催した爲め極度に張りつまつた腹壁が急に縮んだのであると想像される。

一、診　斷　世界文化に於ける低腦兒
一、原　因　智識の營養不良
一、經　過　慢性病なる故經過長し
一、豫　後　素質純良なる故適當なる療法を施せば速やかに治療すべし。之れに反し療法を誤り、又は荏苒遷延することあれば病膏肓に入り死亡する虞あり。
一、療　法　原因療法卽ち根治療法

處　方
正規學校敎育　極量
補習　敎育　極量
幼稚　園　極量
圖書　館　極量
讀報　社　極量

右合劑調和し速用すること二十年にして全治すべし。
共他效くべき藥品あるも之れを略す。

民國十年十一月三十日

◎ 文化協會在各地設置讀報社，教導民眾讀報、吸收新聞和知識。

臨牀講義

臺灣と云ふ患者に就て
一、姓名　臺灣島
一、性　男
一、年齡　現住所に移轉してより二十七才
一、原籍　〇〇〇〇〇〇〇〇〇〇
一、現住所　大日本帝國臺灣總督府
一、番地　東經一二〇ー一二二ゞ北緯二二ー二五
一、職業　世界平和第一關門の守衛
一、遺傳　黃帝周公孔子孟子等の血統を受けたる遺傳性著し
一、素質　前記の如き聖賢の後裔なる故素質強健天資聰明
一、既往症　幼少の時即ち鄭成功の時代には身體頗る強壯にして頭腦明析意志堅實品性高尚動作快活であつたが、清朝時代に入つてより政策中毒の爲め漸次身體衰弱し意志薄弱となり、品性卑劣節操低下した。日本帝國に轉居して以來不完全なる對症療法を受けて稍稍恢復に向つたが何分二百年の長きに亙る慢性中毒症なる故容易に治癒の見込立たず。
一、現症　道德頹廢、人心澆漓、物質的欲望に富み、精神的生活に乏し、風俗醜陋、迷信深く、頑迷不悟、衛生全く缺乏し、智慮淺く、永久の大計を立つることを知らず、只管眼前の小利を爭ふ、

「講古仙」

蔣渭水創立文化協會的最終目的，是為了喚醒台灣人的民族自覺，使眾人團結起來、共同對抗日本人的殖民統治；但若台灣人缺乏獨立完整的文化，是不可能形成完整的台灣意識。因此文化協會的首要目標，便是透過各種方式的宣傳、教育，引進各種西方先進知識，為台灣人進行一場「文化啟蒙運動」。蔣渭水本身並非教育家，但他靠著辦報紙、教民眾讀報、舉行講習會、舉辦夏令營……這些一步一腳印的行動，開始為數百萬的台灣民眾進行社會教育。從都市到鄉村，從台灣頭到台灣尾，文化協會在全台各地掀起一股學習風潮，台灣人不再「無知識兼不衛生」，而且要跨出島嶼、向世界接軌。

文化協會除了發行《會報》外，還在全台各地設置免費的讀報社。在讀報社內，除了備有《台灣民報》，還有來自日本、中國及台灣本土的多種雜誌、報紙，為民眾提供了一個不受日本警察干擾的讀報空間；報章雜誌中若有刊載與殖民地解放運動相關的報導，協會幹部還貼心地以紅筆圈點出來，讓民眾更方便搜尋重點。

至於講習會的主題，則是琳瑯滿目、包羅萬象，從人文學科的台灣史、西洋史，到醫療教育的通俗衛生乃至於經濟學等等。都是文化協會多次舉辦的講題；而且各主題的講師都是當時台灣學術界的一時之選，如著作《台灣通史》的連雅堂教授台灣史、身為醫師的蔣渭水主講衛生教育、西洋史則由台灣第一位哲學博士林茂生擔綱。

此外，文化協會更舉辦名為「夏季學校」的夏令營，由協會總理林獻堂提供霧峰自宅的萊園為會場，並為學員解決住宿與飲食的問題。夏令營活動期間，除了平日講習會的主題，還有專門領域的哲學、經濟學、憲法、西方科學、社會學、新聞學、法律等等；講師則

是由日本遠道而來的專業律師、學者，負責教授各自的專門科目。夏季學校雖然只維持了三年，但像這樣大規模的講習會，讓許多志同道合的台灣青年，得以同聚一堂學習、討論，為台灣造就不少後起之秀，可說是意義非凡。

有了讀報社、講習會和圖書雜誌，但協會幹部仍覺得這樣的努力，還不足以達到蔣渭水所說的教育「最大量」目標。接著，以王敏川為首的多位名嘴，開始在全台各地進行演講，直接與民眾面對面接觸。講題多是介紹當時風行世界的民族自覺主張、社會主義以及平等、自由、民主政治等現代觀念，透過主講人風趣而淺顯的解說，相當吸引亟欲了解海外世界的台灣人；而主講人又往往趁機批判日本殖民當局統治台灣的種種不公施政，極易引起台下民眾的共鳴。一時之間，演講成為文化協會最受歡迎的文化活動，觀察敏銳的蔣渭水更是打鐵趁熱，增加巡迴全島的演講活動，以達成教育大眾的目的。

蔣渭水自己也是個著名的「講古仙」，才思敏捷、舌燦蓮花的他，一上台就能夠講三小時。對於南北奔波、不停趕場的蔣渭水，兒子蔣松輝回憶提到：「家父給病人診病，診察費足夠車資，就匆匆忙忙趕去講演。」蔣渭水的活躍，也讓日本警察視他為煽動民眾抗日的危險分子，當蔣渭水一個人在台上演講時，台下卻有二十幾個警察監視著他的一舉一動。女兒蔣碧玉對此有相當深刻的印象：「父親和他的同志們時常晚上去演講，但到半夜時卻是另一批人回來給他們拿衣服，說是又被日本鬼子給捉去了，這種事家常便飯。」1925年的冬天，不滿警察取締演講內容太過嚴格的蔣渭水，故意安排王敏川連續講解《論語》一個多月，開始捉弄起日本警察。知情而配合的民眾，即使在淒風冷雨的寒夜裡，仍把整個會場擠得水洩不通，但卻讓負責

◎ 到處演講的蔣渭水是日警的眼中釘，一次演講後還被警察唆使的流氓丟泥巴。

◎ 陳甜迎接治警事件出獄的蔣渭水。

監視的警察招架不住，大喊吃不消。

入獄不忘教化

由於總督府對於演講上公開批評台灣施政的言論相當敏感，主講的辯士（講員）常常上台沒說幾句就被警察制止，甚至被「請」下講台拘捕，可想而知，最不受總督府歡迎的蔣渭水，自然就成了監獄的常客。頻繁的入獄經驗，讓他有機會在獄中和流氓、妓女、鴉片煙癮者竟日相處，而這些身處社會底層的弱勢族群，每每令蔣渭水生起悲憫之心。他和流氓在獄中成為好朋友，甚至對他們的「鱸鰻」文化深感興趣；但是他也痛心這些年輕人血氣方剛與日本警察對抗，徒使自己屢遭處罰而損傷身體。有一回獄中關進兩名妙齡妓女，蔣渭水看著她們拿著掃帚打掃的姿態，心中頓生感歎：「她們若生在富家裡，豈不是千金小姐窈窕淑女嗎？」因而轉身勸告其他獄友，勿因對方的職業而加以鄙視、嘲諷。

然而最令蔣渭水擔憂的是：「以後的台灣，無賴漢是越來越多的，因為這樣的殖民地政策下的台灣人……越貧困下去，下流的家庭是越散亂，子弟的教訓就越荒廢。」當時的他，已可預見經濟生活的貧困，將在無形中阻礙台灣人的學習及成長，進而影響台灣的民族自覺腳步。

◎ 台灣民眾黨第一次務礎商會之合影。

伸出教育的觸角

從1921年開始，文化協會帶起的文化啟蒙運動轟動了整個台灣，許多民眾因而有機會吸收新文化、新思想，同時也強化了台灣人的民族意識。文化協會在蔣渭水等人的努力之下全力運作，啟發台灣民眾的思想；尤其是知識分子和青年人，他們在文化協會的播種、灌溉下，逐漸走出台灣、向外面的世界摸索。長久下來，前往日本和中國留學的台灣學生日益增加，未能出國留學的人，也開始自動自發在各地組織青年團體，如：台北青年會、草屯炎峰青年會、大甲日新會、彰化婦女共勵會、台南基督教青年會、赤嵌向山會等，多是在文化協會的影響下而成立。

不過，就在文化協會蓬勃發展之際，內部卻因為成員各自思想的不同，而開始有了行動方向的差異，甚至還導致分裂。1927年7月10日，離開文化協會的蔣渭水等人組成「台灣民眾黨」，成為台灣第一個合法的政黨，轉而以政治運動的方式，企圖為台灣的未來找到出路。除了政治抗爭，台灣民眾黨還配合其外圍組織「台灣工友總聯盟」，在全台各地進行反抗日資企業的勞工運動。

即使離開文化協會，蔣渭水並未忘記社會教育的重要性，因此他的文化啟蒙運動依然持續進行著。在1929年台灣民眾黨第三次全國代表大會的口號中，就有「打倒阿片（鴉片）、打倒迷信、打倒惡習」的要項。蔣渭水在《台灣民報》中呼籲破除「燒金紙、吸阿片、祈安建醮、補運謝神，以及聘金婚喪之奢靡」的惡習，甚至禁止黨員打麻將。除了向民眾宣導這些理念和主張，蔣渭水自己也身體力行，以身作則：1929年9月蔣渭水母親逝世，蔣渭水在《台灣民報》刊登的訃聞中，沒有「禍延妣考」、「匍匐奔喪」、「泣血稽首」、「不孝子孫」等傳統字眼，跳脫了傳統喪禮繁文縟節的束縛；不參照地理師的意見選擇墓地，親友致贈的金銀紙燭、花車、牲禮等等，也都一律辭退。身為文化啟蒙運動的靈魂人物，蔣渭水確實做到以身作則的自我要求，也應和了他對早年乩童生涯的省悟。

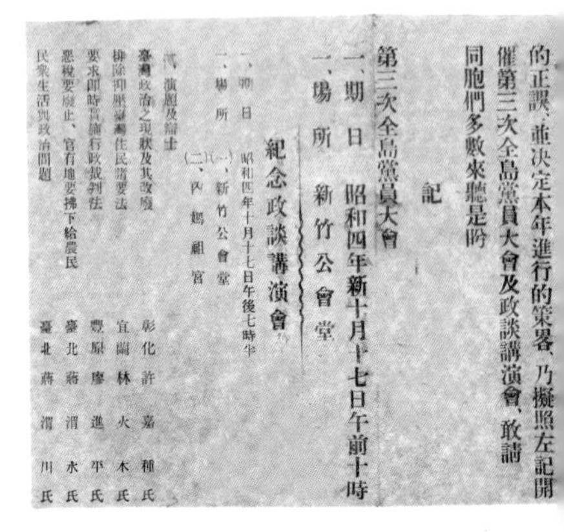
的正課、並決定本年進行的策畧、乃擬照左記開催第三次全島黨員大會及政談講演會、敢請同胞們多數來聽是盼

記

第三次全島黨員大會
一、期日 昭和四年新十月十七日午前十時
一、場所 新竹公會堂

紀念政談講演會
一、期日 昭和四年十月十七日午後七時半
一、場所 (一)、新竹公會堂 (二)、內媽祖宮
一、演題及辯士
臺灣政治之現狀及其改廢 彰化 許嘉種氏
排除抑壓臺灣住民諸要法 宜蘭 林火木氏
要求即時實施行政裁判法 豐原 廖進平氏
惡稅要廢止、官有地要拂下給農民 臺北 蔣渭水氏
民衆生活與政治問題 臺北 蔣渭川氏

◎ 民眾黨講演會之廣告傳單。

死渭水嚇破活總督

可惜的是，1931年2月18日，台灣民眾黨遭到總督府以反對總督政治，提倡階級鬥爭為由強制解散，活躍近四年的台灣第一個政黨就此走入歷史。蔣渭水先是經歷台灣民眾黨被解散的打擊，後又罹患傷寒，最後終於在同年8月5日因病逝世；蔣松輝永遠記得，他那重視理想遠超過家庭的父親去世時，身邊的同志多於親人。

1931年8月23日，蔣渭水出殯當天大雨滂沱，彷彿上天也因他的死去而悲泣不止。五千餘名友人、民眾齊聚大稻埕，佩帶黑紗，陪著這位將半生奉獻給台灣的人走完最後一程；另外一邊，卻見到總督府如臨大敵，在告別式的現場派出八十名武裝警察全面戒備。蔣渭水辭世之後，他的友人、同志為他編纂著作全集，出版前卻遭總督府查禁焚毀，「死渭水嚇破活總督」，成為台灣民間私下嘲諷總督府的話語。

蔣渭水在政治、社會運動上不遺餘力，但他不曾忘卻：比政治運動更深層的文化改革和提昇，才是讓台灣人得以覺醒、自主的根本。文化協會時代的文化啟蒙運動，他孜孜矻矻，藉著演講、讀報、播放電影和夏季學校等方式啟蒙大眾，即使時常有人來搗亂，他也要讓教育走入民間；而在成立政黨、踏入政治圈之後，他依舊不忘文化教育的工作，持續進行社會陋習和風氣改革的宣導，許多後人尊稱他為「台灣的孫中山」，可知他對台灣民族自覺運動的重要性。或許蔣渭水的努力曾被時光所淹沒，但當我們回顧他的事蹟，依然會為他的情操而動容不已。

◎ 蔣渭水於1931年8月5日去世，享年僅四十一歲。

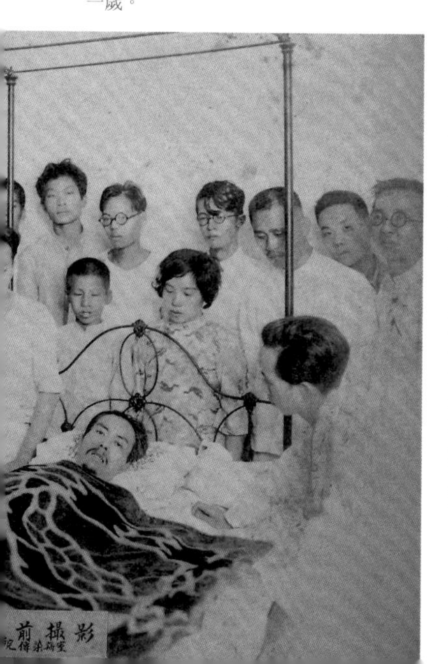

教育理想家　林茂生

當時台南商業專門學校的教職人員有二、三十位，卻只有兩位台灣籍的教師，林茂生即是其中一位。台灣學生們對這位同籍老師特別愛戴，加上他上課幽默風趣、深具啟發性，許多人還以「北有杜聰明，南有林茂生」的封號，將他與杜聰明並稱。

從十七世紀開始，台灣就不斷受到外來殖民統治者的侵略、壓迫，但也正因為如此，讓台灣孕育出殖民地對殖民統治者的反抗精神。當日治時期的台灣文學作品一冊冊地被挖掘出來後，這項特質開始逐漸為人所知。然而，除了文學界，在教育哲學的領域裡，也有一位不得不提的重要人物，這是一位從日治到戰後初期，都對執政者抱著批判態度的文化人，同時也是一位為了台灣教育奔波付出的教育者，他的名字喚作林茂生。

半仙仔——林茂生

林茂生，號耕南，高雄縣東港鎮人，1887年10月29日出生於台南基督教會長老林燕臣家中，是孩子裡的老大。八年後，台灣進入了日治時代，也許就是這樣的歷史背景，讓林茂生往後的生命史中，一直擺脫不掉有關台灣尊嚴和自主的議題。幼時，他的外祖父便教他讀千家詩、正氣歌，並要求他背得滾瓜爛熟；而父親林燕臣本身是當地有名的讀書人，非常注重子女教育。雖然台灣當時已是日本的殖民地，但透過父親等人的薰陶，林茂生得以繼續研讀漢文經典，奠定良好的國學基礎。

1904年，林茂生進入長老教會中學（今長榮中學）就讀，因為父嚐半生夙憲，但每念及台灣……去不可。

親、外祖父早就替他打下紮實的漢文底子，加上他的英文程度也不錯，因此成績相當優異，校長便請林茂生在課餘協助指導其他學生，年輕的他在學校裡擔任半教半讀的助教工作。超齡的傑出表現，讓大家都尊稱林茂生為「半仙仔」，學校對他的待遇也特別了許多，不但三餐都有白米飯，還另外加菜一碟，讓其他學生羨慕不已。

一畢業，林茂生就得到英國教士會的資助保送到日本留學，後來考上了東京帝國大學哲學系。1915年，許多留學日本的台籍學生組織了「高砂青年會」（「東京台灣青年會」的前身），以便互相照應，成績優異的林茂生則被眾人推選為首屆會長。隔年，他獲得文學士順利畢業，是當時台灣第一個獲得這個學位的人。學成返台的林茂生，隨即返鄉擔任長老教會中學的「教頭」（今教務主任），兩年後還兼任台南師範學校（今台南師範學院）的教授。1920年，他先被台灣總督府授與高等文官的職務，然後派至台南商業專門學校教授英文；由於林茂生是以公費前往日本留學，對於日本人的命令只有服從的份。

當時台南商業專門學校的教職人員有二、三十位，卻只有兩位台灣籍的教師，林茂生即是其中一位。台灣學生們對這位同籍

◎留學哥倫比亞大學時期的林茂生（左圖）。

◎長老教會中學時期，林茂生（坐左）與友人之攝影（右圖）。

◎林茂生出生於高雄的一個基督教家庭中。

老師特別愛戴，加上他上課幽默風趣、深具啟發性，許多人還以「北有杜聰明，南有林茂生」的封號，將他與台灣第一位醫學博士杜聰明並稱；不過杜聰明算是一位純粹的科學研究者，而林茂生則是多才多藝的思想家。在台南商業專門學校任教的同時，他還兼任長老教會中學的理事長。林茂生認為，唯有資助既有的教會學校，才能使得台灣人接受新式教育而不受歧視，但台灣總督府規定私立學校必須有十萬元的基金才能正式立案。為了給台灣人一個受教育的機會，他不辭辛勞四處奔走，走入各鄉鎮發表演說、募集基金，協助母校通過立案。這波由林茂生發起的長老教會中學募款活動，也成為民間興學自動捐款的最佳實例。

◎ 1924年，林茂生（前排右二）與長老教會中學教職員合影。

首位哲學博士

1921年台灣文化協會成立之後，掀起了台灣在日治時期一連串的文化啟蒙和民族運動，投身其中的林茂生，也開始到各地進行「文化演講」，為這波台灣的啟蒙運動出力。文協自1924年起，一連三年在霧峰舉辦夏季講習會，都是由林茂生擔任哲學及西洋文明史主題的講座。而他以一介知識菁英的身分，投身帶有濃厚民族運動色彩的台灣文化協會陣營，很自然地引起台灣總督府的高度關注，官方報紙甚至以明褒暗貶的文章，來諷刺他加入文協的舉動。

1927年，林茂生以總督府的公費赴美國哥倫比亞大學深造，並拜舉世著名的教育哲學家杜威（John Dewey）和門羅（Paul Monroe）為師。令人驚訝的是，林茂生只花了八個多月，就在1928年4月取得文學碩士學位，跌破眾人的眼鏡！兩年後的11月，他更發表論文，檢討總督府對台灣的同化教育政策，並以此獲得哲學博士學位，成為台灣第一位

哲學博士。他的論文有以下幾個重點：

一、同化教育與日本國語教育是無視於台灣文化特色的強制教育。

二、同化教育只把教育當成一個工具，而非最終目標。施教者只是片面要求受教育者去接受一個自己從來不曾經驗過的異質文化。

三、近代教育強調尊重學習者的天賦和個性，而不是以施教者的標準從外部強加於人。但是總督府強制性的同化教育則與一切民主精神相違背，限制了學習者選擇的可能性，使學生的責任感沒有發展的空間。

四、同化教育引導學習者偏離生活，學習一些不必要的課程。例如在語言上，雖然一個新的語言（指日語）在許多方面可能很有用，但對一個小孩子而言，在家裡用不著，私人通信也用不著，反而是學習當地語言（指台灣民間使用的母語）比較有需要。

◎ 林茂生認為同化教育既不健全，對台灣學生而言也相當不公平。

林茂生為台灣總督府進行的同化教育政策整理出幾項結論：他認為透過教育進行的文化同化過程裡，若同化成為單方（總督府）有意識與片面的強迫，只會造成反彈；只有在台灣人民基於互相尊重的原則下，對日本產生自然的感情，才能獲得更高度的文化同化。而要有效實踐一個建設性的教育計畫，統治者首先必須讓所有人都擁有平等的教育機會。

由上可知，林茂生的教育哲學建立在自由、民主、實用的原則上，他主張教育以「有教無類」為出發點，並呼籲總督府捨棄政治性的急速同化政策，要求殖民政府尊重殖民地的本土文化，並透過教育提高雙方對彼此文化的認識。除此之外，同等重視大眾教育和高等教育的重要性，才能使日本和台灣都能培育出各方面的領導人才。

生不逢時的悲哀

即使接受日本人的資助留學，但林茂生的所學、所思、所言，卻不曾阿諛統治者當局。林茂生的論文蒐集了許多日治時期的原始資料，至今仍值得後學參考；加上他本身對教育政策與實務教學都有豐富的經驗累積，使得他的論證與分析都很仔細、精闢，可以說是台灣教育史的研究先鋒。

由於林茂生在美國哥大的成績優異，他的兩位指導老師曾經想請他留校任教，但林茂生委婉拒絕了。他說：「作為一個學者，留在哥大當可嚐平生夙志，但每念及台灣家鄉的一群羔羊，我實在非回去不可。」1930年1月，林茂生返台，5月便被派遣到台北高等商業學校（今台灣大學法商學院）任教；1935年，他應聘為台南高等工業學校（今成功大學）教授，除了擔任英、德語科主任和圖書課長之外，還兼任長老教會中學的理事長，持續為母校服務。當時台灣的第一學府台北帝國大學（今台灣大學）曾邀請他擔任教授，然而洞悉總督府教育方針的他，深深知道台北帝大的教學目標仍是培育出為日本效力的人才，因此毅然拒絕。

據台南高工的學生回憶，林茂生開設的德文課相當受歡迎，每次上課，學生總是把教室擠得爆滿，有時連走廊外都站滿旁聽的學生。在當時，以他的學養、經歷和才華，即使擔任大學校長也不為過，只可惜生不逢時，任何一個活在日本統治下的台灣人，都不可能被賦予如此位高權重的職務，即使是如此有能力的林茂生，也只能無奈於現實的捉弄，因為——他是一個台灣人。

隨著二次世界大戰開打，台灣的「皇民化運動」也如火如荼地進行著，台灣總督府為了宣導政策，硬是指派林茂生出任「皇民奉公

◎ 林茂生的博士照。

◎ 林茂生的哲學博士論文原稿。

FORWORD

Formosa, though a tiny little speck on the map as contrasted with the huge areas of the Continent lying so near to her, is one of the most important colonies that Japan possesses. The shape of the island on the map reminds one of a skiff floating on the rough Pacific. As the vessel requires a wise and far-sighted ~~steersman~~ helmsman to steer its course, so the island looks to a sagacious and liberal leader to guide her destiny. Whether Japan succeeds in her first colonial experiment on the island or not is the vital issue bearing not only upon her assumption of leadership in the Far East, but also upon the infinite future of the four million islanders.

When Japan took possession of Formosa in 1895, she found the island in no better condition than her own country before the Meiji era. For more than a generation she has made every effort to modernize the island with her experience of modernizing her own country. She has done her very best to produce law and order, convenient transportation, economic prosperity, elevated standards of living, and good condition of sanitation. She has succeeded. What then would come next? The problem of education. In fact, even her most severe critic could not deny that Japan has also accomplished a difficult task in creating a widespread educational system which is unparalleled in the history of Formosa, yet in so doing she has encountered not only the general problems which confront all colonizing powers

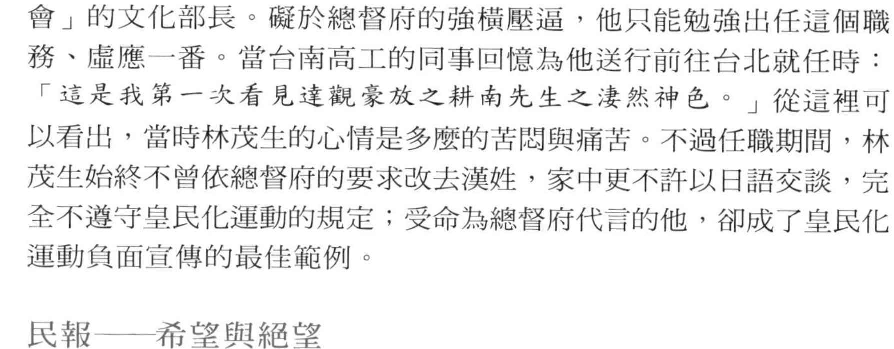

會」的文化部長。礙於總督府的強橫壓逼，他只能勉強出任這個職務、虛應一番。當台南高工的同事回憶為他送行前往台北就任時：「這是我第一次看見達觀豪放之耕南先生之淒然神色。」從這裡可以看出，當時林茂生的心情是多麼的苦悶與痛苦。不過任職期間，林茂生始終不曾依總督府的要求改去漢姓，家中更不許以日語交談，完全不遵守皇民化運動的規定；受命為總督府代言的他，卻成了皇民化運動負面宣傳的最佳範例。

◎ 1945年10月25日林茂生在中山堂（日據時的公會堂）慶祝臺灣光復、發表演說。

民報——希望與絕望

好不容易等到1945年，日本終於無條件投降了。對於國民政府的到來，林茂生的喜悅溢於言表。他到各處演講，興奮地告訴大家，台灣人就要可以作自己的主人翁了！同年12月，他出任台灣大學預科（即所謂的先修班）主任，同時承攬大部分的校務行政工作，後來林茂生還一度代理台灣大學文學院院長一職。忙碌的他，簡直就是一位「代理校長」。

除了授課，為達成自己「學人辦報」，啟發民智、迎接新時代的理想，林茂生更跨足新聞界，以日治時期《興南新聞》的班底為基礎，在1946年3月創辦了早晚各印行一次的《民報》。當時《民報》由林茂生出任社長，陳旺為總主筆，許乃昌擔任總編輯。由於《民報》立場從不偏頗、言論公正，批判時弊沒有絲毫退縮，充滿濃厚民意輿論色彩，獲得不少人的喝采。

然而，就像許多台灣人一樣，林茂生起初對於「祖國」的到來期望甚高，但身為《民報》社長，每天由旗下記者聽到的都是壞消息，渴望許久的正面新聞卻是等了好久都等不到。目睹陳儀政府的貪污統治和國民軍的敗壞軍紀後，他心中的熱情更是冷卻下來，化為失落與絕望。林茂生開始感到台灣的前途渺茫，甚至比過去更令人難以忍受；但是，責任感極強的他仍強將失望的情緒化為批判的文字，毫無保留地繼續針對時局發表中肯而直接的言論。

1946年，終於捺不住心中急切的林茂生，選擇投身政壇參加參政員的選舉，直接跳入解救台灣前途的戰場。然而由於選舉時波折不斷，讓他對國民政府的威信失望至極，因此當選後當眾宣布辭退參政員職位，當時還一度引起社會譁然。不過由於參政會始終未正式接受辭呈，所以直到他失蹤前，一直都保有參政員的身分。

只是，林茂生先前領導《民報》對陳儀政府痛下針砭，雖然為人民吼出心中的怨氣，卻也因此得罪不少當時的權貴，並被陳儀貼上「不合作」的標籤。林茂生的未來就此埋下危機，即使貴為參政員的身分也無法保護他。

黑夜裡消失的身影

1946年，林茂生次子林宗義自美國學成返台回來的那晚，父子兩人在用過晚餐後對坐著，林茂生只是神情黯然地抽著水煙，兒子打破兩人之間沉默的僵局，開口問道：「阿爸！你看怎麼樣？」林茂生只是回以沉重的歎息。對父親反應感到愕然的兒子連忙追問：「你看台灣人有希望否？」林茂生無奈地長嘆一聲，然後緩緩地說：「若有若無……我們想像中的祖國與實際的實在不同……。」從父子的對話中可以嗅出，林茂生已經失去昔日對台灣未來的樂觀。

二二八事件爆發後，許多人告誡林宗義提醒林茂生避避風頭，事實上林宗義也勸過父親，但林茂生對兒子的建議卻是淡然以對。或許

◎林茂生讀書時的神情。

◎（右頁）國民政府的施政品質不良、戒嚴令的頒布，人心又再度惶惶不安。

臺灣省警備總司令部公報　第一三四號

甲：凡有軍警及人民，於戒嚴期間，尋仇報復，及搶掠姦淫者，經[illegible]長，准予就地正法。

乙，戒嚴期間，民衆行動，應行注意事項：

一，在戒嚴期間，每天上午六時卅分起至下午八時為止，除特別規定之警戒區域外，均可自由通行，但須遵守下列事項。

（1）民衆通過步哨綠時，不得集臨行動（以一個人或二個人，走在一起爲[illegible]

並應邊步行進，如哨兵呼令行止，應站住，俟哨兵詢問清楚後通過。

（2）如乘車輛（汽車與脚踏車）通過步哨線時，在隔離哨兵約三十步處，應先下車，告知哨兵「我有何事」，經准許後通過。

（3）在街市行動，不應東張西望，與大聲亂呼，或多人聚在一起，以免引起哨兵誤會。

（4）遇巡查車通過時，不得阻礙或包圍。

他是這麼想的：「那是沒有意義的。我一生又沒有做什麼非法或敗德的事，為什麼我要藏起來？」只是，林茂生的坦然並沒有為他帶來任何轉機，1947年3月10日，曾降臨在許多台灣菁英頭頂的陰影，終於也落到他身上。事發前幾天，林茂生終於被說動去兒子家裡住個幾天暫避風頭，於是他帶著棋子、棋盤和一些書，便搬進兒子的住所。但到了第三天，他臨時決定再多拿幾本書過來，於是回家一趟，碰巧有事耽擱，因此林茂生當晚便先留在家裡過夜。沒有人料到，只是耽擱一晚，林茂生的命運從此不同。

第二天早上九點多，家裡的佣人匆匆忙忙趕來告知林宗義，他的父親被帶走了！由於事發突然，加上情況不明，林宗義一度不敢出門打探消息。撐到下午，他終於忍不住跑回父親家中探問，這時才知：就在前一晚，一群「穿制服的人」前來家中，說是台灣行政長官陳儀要找林茂生約談，林茂生連身上睡衣都來不及換下，就被幾個人架著帶出門去。林茂生這一走，從此音訊全無，家人不僅連他的下落都無法得知，連想找尋遺體都不知從何找起，而林茂生穿著睡衣離去的身影，從此成為林家人心中永遠無法抹滅的傷口。

這一年，林茂生六十歲，許多學生還熱切地討論著要如何為老師慶祝六十大壽，卻怎麼也想不到，這樣的遺憾竟然發生得如此令人措手不及！

徒留追憶的思想家

從長老教會中學，到台南商業高等學校、台灣文化協會、台南工業高等學校，以至於台大教授，林茂生始終為了台灣人的教育辛勤付出而不遺餘力，就是希望生長於台灣的莘莘學子們，能夠真正獲得平等接受教育的權利，而不是政治考量下的犧牲品。因此，他以「台灣需要我」為由，回絕留在哥大繼續深造、任教的機會，義無反顧回到台灣。

另一方面，林茂生從政治、文化或是經濟上的平等立場，來討論日本在台灣實施的教育政策和經營過程。透過精確而有理有據的分析、批判，讓他的博士論文擁有超越時間限制的視野，即使在數十年後的今天，仍可以作為我們思考教育方針時的參考依據，如：近代教育的目的，在於從學生內在啟發每個人與生俱來的創造力，否則只會限制、破壞學生的學習能力；當年日本雖然在硬體建設方面致力於讓台灣走上現代化，但以「同化台灣人」為最終目標的同化教育，還是違背了民主精神，並不能讓台灣人得到完善而良好的教育。

從林茂生的教育思想，我們看到了深植在他心中的理想世界。若非英年早逝，以他的思考與成長，也許林茂生會成為另一個胡適，甚至超越前者，在台灣的教育界大展長才。

◎ 1947年林茂生最後的一張全家福照片。

長榮中學

基督教教育的先鋒

◎長老教會中學首任校長——余饒理畫像。

◎早期使用的國文教材。

1883年，英國長老教會的余饒理（George Ede）踏上台灣，他期盼能在台灣設立教會中學，並於次年4月2日向教會提出的報告中提出，須盡速在台灣設立教會中學並兼設教會信徒學校。爲了不給學生的家庭太大的經濟壓力，教師的薪俸均由校方支出，學生只需負擔自己的食費與雜費，但是自願入學的學生，年齡至少要滿十二歲才行。

1885年9月21日，台灣第一座中學——長老教會中學宣告成立，余饒理爲首任校長，校舍在二老口街二老醫館舊樓（今台南市衛民街與北門街啓聰學校的博愛堂），成立之初僅收二十二名學生。

由於最初創辦學校的目的，在於爲神學院的學生作預備教育，所以長老教會中學的課程內容除了算術、漢文、中國史、地理及自然科學外，也包括《約翰福音》、《聖經》和早晚的禮拜課程。畢業以後，學生們也多選擇繼續唸當時的教會大學（今台南神學院），以便日後在教會從事傳播福音的工作。

由英國長老教會所創辦的長老教會中學，享有治外法權，在清領時期並不受清政府干涉，能夠專心於宗教教育。但到了日治時代，教會中學不願意帶學生前往神社參拜，因而遭到總督府多方刁難，拒絕承認教會中學的合法資格。

1939年，學校更因多方壓力，被迫實施男女分校。此外，在教學內容上，宗教課程則相對減少許多；尤其在皇民化運動的影響下，學校的宗教教育更是面臨莫大的衝擊，直到戰後才重新獲得發展。

長老教會中學曾因師資不足、臨時校舍遭白蟻柱蝕等原因而停辦，直到有了較安全的校舍，才於1894年重新開學。1912年，教會在台南東門城外找到一塊面積廣達五公頃並作爲新校舍的用地，於1916年落成後，一直沿用至今。校名則經過數次變更，於1939年更名爲「私立長榮中學校」，並在1973年發展成綜合高中，繼續爲培養人才而努力。

一代醫學宗師 杜聰明

杜聰明常對高醫的學生說：「你們唸醫學院，現在回到自己的故鄉……希望你們每個人不只在故鄉做一位醫生，還要能幫忙你們的故鄉，改善諸多教育上的問題，甚至是經濟上的問題；換言之，故鄉裡所有一切，你們都有責任要去幫忙。」

台北淡水北新庄山腰上，住著茶農杜日鳳一家人。杜日鳳雖然是一個識字有限的茶農，但很重視子女的教育，從小就讓長子進私塾學漢文，甚至準備讓他赴廈門考個秀才；沒想到後來台灣被割讓給日本，科舉仕途頓時成了泡影，使得長子只能在鄉間教漢文。

研究精神的啟蒙

杜日鳳的么子杜聰明，生於1893年8月25日。在他約八、九歲時，杜日鳳曾帶著他去大龍峒公學校，參觀他二哥的教書情形，父親牽著杜聰明小小的手，告誡他要以兄長為榜樣，將來做個受人尊敬的好老師。只是這時的杜日鳳從沒想到，杜聰明未來將真的會成為台灣有史以來的第一位博士；而他在學術上和教育上的成就，更是遠遠超過他所能想像的境界。

1902年，杜日鳳去世了，杜聰明便跟著長兄杜生財學習漢文，研讀《三字經》、四書等；當時的人普遍認為，在接受日文教育前，還是先學一些漢文比較好。杜生財熱心教育，又生性嚴肅，私塾裡的學生們都很敬畏他，杜聰明也是一樣，即使貪戀玩耍，只要聽到長兄的腳步聲，一定乖乖地坐回書桌前，裝出一副苦讀的模樣。不過，或許也正因為如此，才替他打下良好的漢學基礎。

◎ 進醫學校前的杜聰明還留著長長的辮子。

一位醫生，還要能幫忙你們……題，甚至是經濟上的問題。

◎ 杜聰明和母親的合影。

◎ 杜聰明曾就讀的滬尾公學校。

之後，杜聰明進入滬尾公學校就讀，成績優異，但由於交通不方便，所以常跟著二哥杜家齊在鎮上四處租屋為居。但當杜家齊成為大阪商船株式會社的商船買辦，十三、四歲的杜聰明便開始獨自寄宿在外；當時兼任四、五年級導師的校長小竹德吉，覺得讓一個學生這樣到處寄宿相當不妥，便以幫自己做些雜活為條件，讓杜聰明住進校長公館來。

雖然，校長公館的大小雜務都落在杜聰明身上，工作相當辛苦，但和小竹德吉校長同住其間，杜聰明從他身上學習到很多為人處世的準則，以及校長本身寶貴的教學經驗：待人接物的平等、尊重學生的天資和個性……。另外，杜聰明也透過小竹德吉校長認識了岡本要八郎——影響杜聰明甚深的忘年之交。年少的杜聰明，對岡本要八郎滿屋子的礦石標本和他專注的研究精神，留下深刻的印象；透過岡本要八郎，杜聰明第一次與科學有了面對面的接觸，並因此立下了日後成為學者的心願。

學生刺客

1909年畢業後，杜聰明以高分考取台灣總督府醫學校，但這並非是他一心向醫，而是因為他愛讀書，而醫學又正是他眼中最具有挑戰性的領域。雖然他考取台灣總督府醫學校的成績很高，卻因為體檢被核定為「丙下」，險些以「難以完成醫學系的繁重課程」的理由高分落榜。針對於這點，杜聰明長女杜淑純曾經提出說明，她說父親身體原本就很健康，加上自律甚嚴的他懂得鍛鍊自己，每天必做的棍棒操、冷水浴從不間斷，因此甚少生病；當時體檢未通過，只是因為少年體格未符合成年體格的標準罷了。

在唸醫學校時，杜聰明也遇到幾位對他很重要的人，當時的校長高木友枝，讓他深深體會到：「在做一個醫生之前，要先做一個人。」另一位校長堀內次雄，則常在他面臨人生轉捩點時為他指點迷津。雖然杜聰明唸的是與政治無關的醫學研究，但他也是個熱血青年。當時鄰近台灣的中國推翻滿清專制，但袁世凱卻想恢復原有的帝制，為此忿忿不平的杜聰明，竟然想出刺殺袁世凱的行動。他和同學翁俊明攜帶霍亂病原菌偷渡前往北京，本來想在水源地施放細菌向袁世凱施毒，但沒想到過程困難重重，只得無功而返。在歸途中，兩人又因為先前偷渡上岸、未辦護照，差點逃不過警察的盤檢；幸好當時船上有一位剛從北極回來的中尉，乘客和警察都沉醉在他滔滔不絕的冒險故事中，杜聰明和翁俊明這兩位「烏龍刺客」才得以逃過一劫。

◎ 杜聰明和好友蔡培火。

台灣第一位博士

1914年，杜聰明以第一名的成績由台灣總督府醫學校畢業。他原本可以進入紅十字醫院坐領高薪，或是自行開業名利雙收，甚至接受其他醫院的高薪聘請，但他卻選擇了總督府研究所，進行細菌學的研究。一年之後，自覺能力不足以進行獨立研究的杜聰明，決定到日本留學進修；雖然醫學校校長堀內次雄有意替他爭取公費留學，但杜聰明怕因此而受到總督府的人情壓力、做事綁手綁腳，最後還是婉拒堀內次雄的好意，自費前往日本留學。

◎ 1920年10月21日已受任為台灣總督府醫學專門部的講師。

隔年，杜聰明進入京都帝國大學醫學部，他先是鑽研內科，後來又轉往藥理學進行研究。在日本求學期間，他總是想盡辦法把握所有時間進修，就連寒暑假也不肯放過。有一年暑假，他到大阪血清研究所做實驗，租了一間夾在電車、火車軌道間的小屋安居；儘管隆隆的

◎ 杜聰明巴黎留學後，1928年4月與妻子在香港重逢。

噪音從早到晚響個不停，彷彿整天都在地震，杜聰明仍然堅守他的學習日程表：上午去實驗室，中午念德文，下午再去實驗室，黃昏學法文。這樣的勤奮苦學，讓他的學術研究有了非常深厚的底子。

五年後，堀內次雄出差至日本京都，得知杜聰明即將獲得博士學位，立刻決定要將他請回台灣教書。因此，雖然當時的杜聰明尚未回到台灣，但是他的身分已經是台灣總督府醫學專門部的講師了。

1921年11月5日，杜聰明提出了博士學位論文的申請，一年後的12月16日，他正式獲頒京都帝國大學醫學部的博士學位，成為台灣史上的第一位醫學博士。同年，杜聰明升任教授，並如願娶得霧峰林家的林雙隨為妻。其實杜聰明早在四年前與林雙隨相遇時，就對她一見鐘情，也央請友人上門提親，但林家卻開出四個條件：當上高官、取得博士學位、要會做詩、聘金五千日圓。直到他獲得了博士學位、事業也頗為順遂後，才獲得丈人的肯定，成就一段才子佳人的美談。

斷鴉片、研蛇毒

1925年底，由於台北帝國大學即將成立，被相中為醫學部預備教授的杜聰明，被選為總督府駐外研究員，赴歐美各國深造。接下來的兩年半中，他除了在美國賓州大學學習藥理、病理，在歐洲各國從事研究和發表論著之外，同時也結識不少國際藥理學界的大師。回台灣後，杜聰明首先挑戰了當時頗為嚴重的社會問題——鴉片，為了終止鴉片癮者數量的持續增加，杜聰明開始研究鴉片毒癮的治療方法。他留意到當時實施的漸減療法、禁斷療法其實各有缺點，因而發明折衷的「漸禁斷療法」，既可以有效協助病患戒治毒癮，同時又不致讓病患在戒斷期間承受過大的痛苦。此外，為了確保病人接受戒毒治療的效果，他更研究出「定量尿驗法」，藉人體的自然機制查出病人是否曾偷吸鴉片。這項發明，不僅是當時台灣醫療的重大成就，更揚名國際醫學界，成為現代禁藥檢驗法的始祖。

1929年3月，杜聰明帶著弟子邱賢添前往艋舺（今台北萬華）的乞丐收容所「愛愛寮」，開始進行鴉片斷癮的臨床實驗；不久，更前往當時日本統治下的韓國、滿洲國及上海租借考察毒癮戒治。回來後，杜聰明上書總督府，強調台灣應設立專門協助病患戒治毒癮的醫院。在杜聰明、台灣民眾黨及其他民間衛生組織的推動下，總督府終於在1930年1月正式成立專責勒戒鴉片毒癮的「台灣總督府台北更生院」。雖然院內只能容納二十張病床，院長也由日本人擔任，但杜聰明卻是統籌一切的實際執行者，在這裡，許多癮者慢慢地擺脫鴉片的陰影，為他們的將來找到希望。

對於台灣的鴉片問題，有人以實施衛生教育的方式，向民眾宣導戒除鴉片；杜聰明則從自己專精的醫學研究出發，實地協助病患戒毒癮。由於鴉片毒癮的戒治相當困難，因此就更需要像杜聰明這樣的專業人員從旁協助。在他的努力下，日治末期全台灣吸食鴉片的人，只剩下五、六百名左右，與過往動輒數以千、萬計的毒癮者相比，可以說是大大減少。由於有杜聰明師生「空前絕後」的努力成果，讓台灣得以從此脫離鴉片島的命運。

1936年，杜聰明回到台北帝國大學醫學部藥理系，成為當時醫學部裡唯一的台籍教授；隔年，台北帝大成立藥理教室後，他開始專心從事蛇毒藥物及毒物學的研究。他在研究中發現：神經性的蛇毒可以麻痺人體神經系統的疼痛反應，將它製成注射液後，即是治療神經痛及各種疾病疼痛的鎮痛劑，又沒有嗎啡易成癮的問題。這項發現，不

◎ 為了提高收入，總督府對鴉片問題採「漸禁政策」。

◎ 台北愛愛寮是杜聰明帶領學生進行鴉片斷癮臨床實驗的場所之一。

◎ 1943年台北更生院送別王耀東（中坐者）之合影，前排左三為杜聰明。

僅得到日本政府許可的專利權，更成為台灣毒物藥學發展的里程碑。除了杜聰明的個人研究，由他指導的幾位學生也相繼發表一連串蛇毒研究報告，在他的領導下，蛇毒研究不僅成為台北帝大藥理教室的傳統，更讓日後的台灣大學成為世界首屈一指的蛇毒研究單位。

戰後，日本人創立的「台北帝大」變成新政府的「台大」，杜聰明被新政府聘任為台灣省台灣大學校委員會兼常務委員，負責接收原有台北帝國大學的醫學部及其他相關的醫學機構，後來他更升任為台大醫學院院長、附屬醫院主任及熱帶醫學研究所所長，繼續在台灣的醫學教育及藥學研究領域啟蒙後進。

開啟南台醫學研究

1953年自台大醫學院院長卸任，杜聰明便開始積極籌備成立一所新的醫學教育機構，他先在台北市成立私立瀛洲醫學院籌備委員會，不久後南下高雄，雖歷經幾番奔波，卻也意外得到許多人的支持。最後獲得陳啟川捐贈土地作為校地，再加上教育部長張其昀的配合，南台灣第一所醫學教育機構「高雄醫學院」終於在1954年正式成立。高雄醫學院的創辦，為南台灣的醫學教育奠定了基礎，也讓有志從醫救人的青年們有了更多的機會。

除了辦學，杜聰明還有著對原住民的一份關懷。1958年，他在高雄醫學院開辦「山地醫師醫學專修科」，招收山地青年學醫。對這些原住民學生而言，杜聰明是他們的校長，同時也是他們的保母。杜聰明常對這些學生說：「你們唸醫學院，現在回到自己的故鄉……希望你們每個人不只在故鄉做一位醫生，還要能幫忙你們的故鄉，改善諸多教育上的問題，甚至是經濟上的問題；換言之，故鄉裡所有一切，你們都有責任要去幫忙。」他鼓勵習醫的原住民青年與同族女子結婚，以便真正紮根故鄉、為同胞服務。

學者醫生

不過，令人遺憾的是，杜聰明重視基礎醫學研究，卻忽略了對臨床醫學一些諒解，進而導致和部分醫生的不合；由於教學理念的不同，也使得他與董事長陳啟川在校務上有了不小的衝突。1966年，杜聰明辭去了服務長達十二年的高雄醫學院。

1986年2月25日，杜聰明因病與世長辭，在他九十四年的人生裡，有長達七十二年的歲月是在醫學研究、醫學教育的領域裡不斷耕耘。他帶領著學生們研究鴉片、蛇毒和中藥，開創台灣醫學研究的新領域；曾任台灣大學醫學院院長的彭明聰說：「他在研究上真正是一位先驅者。」而接受過他指導的學生更是不計其數，其中不乏成就非凡者。這樣的杜聰明，可以說是台灣醫學界的一代宗師，更是所有台灣醫療人士心中「教授中的教授，名醫中的名醫，學者中的學者」。

◎杜聰明博士於山地部落留影。

◎杜聰明很重視養身，即使年老，也不忘揮棍棒、洗冷水浴等來保健身體。

高雄醫學大學

港都醫學重鎮

家住高雄、台南等地區的人們，在早期醫學資源不普遍的時代，若聽見有人說要到大醫院看病，指的多半是隸屬於高雄醫學院的中和紀念醫院。中和紀念醫院是戰後初期南台灣的醫療中心，在高雄醫學大學現有的校門還沒建好前，醫院出入口就是學生們上學的必經之途呢！

早在台北醫事專門學校併入台北帝國大學後，日本人就有意到南部建設專門研究熱帶疾病的醫學專門學校，不過戰後日人回國，這樣的想法也就不了了之。當杜聰明自台大醫學院院長卸任後，有意創設私立醫學校，幾番波折後，終於在 1954 年創設全台第一所私立醫校「高雄醫學院」。

由於創校時台灣僅有一所台大醫學院，所以師資上多仰賴台灣大學援助。高醫的學校制度如：導師制度、密集授課方式、提倡研究風氣，皆仿效牛津、劍橋等國外著名學府，致力提倡校內的學術研究，全校師生就在杜聰明「樂學至上、研究第一」的治學態度影響下，在南台灣的烈陽下辛勤經營。結束三年的基礎醫學後，必須進行的是臨床醫學的實習，為了有效運用有限的經費，杜聰明僅僅以兩百萬的預算租借民房作為門診部（今六合路上），以老校舍當入院病患的病房，和教室比鄰而居，醫生們則每天靠著一台交通車，穿梭在校區和門診部之間。起初患者比員工還少，有時一天收入才一百八十幾元，連一天的水電費都不夠付呢！

1958年起，杜聰明有感於原住民部落內空有衛生所卻無醫生主持，為了解決「無醫村」醫療資源缺乏的窘境，高醫特別開設臨時山地醫學專修科，招收原住民青年接受醫學教育，讓他們學成畢業後回到故鄉，能為同胞服務。

高雄醫學院不只是台灣第一所私立醫學院，在1999年正式升格為「高雄醫學大學」，成為國內首所升格為醫學大學的醫學院。附設的中和紀念醫院，更是南部地區第一所教學醫院。當台大醫學院在北台灣領導醫學研究時，高雄醫學大學也在南方努力著，成為南台灣重要的醫療中心。

◎ 高雄醫學院早期的校景。

荒野中的螢火 朱昭陽

身為一位有為有守且堅持原則的教育家，朱昭陽不慕名利且甘於平淡，他所創辦的延平學院就是台灣私人興辦高等學校的濫殤，是台灣教育史上不可抹滅的痕跡。

若說「台中中學」是日治時期台灣人為爭取教育機會而成立的第一所新式中學，那麼「私立延平學院」就是台灣人為爭取教育自主權而成立的第一所新式高等教育機構。而賦予台灣教育史上如此重要意義的學校創辦人，就是朱昭陽。

偷渡日本為求學

朱昭陽，1903年生於台北板橋。朱家的祖先原居福建，直到祖父這一代才移居台灣，在板橋以釀酒為業，自家生產的「朱源隆」號酒品遠近馳名。日本接收台灣後，為了維持總督府的財政稅收而實施煙酒

專賣，再也無法賣酒的朱家因而轉業務農，並遷居埔仔墘遠離日本人統治。朱昭陽年幼時，由父親朱四海親自教授漢文，之後一帆風順地進入公學校、國語學校（今國北師）就讀。畢業後，朱昭陽在大哥的鼓勵下，瞞著雙親跟好友一起溜到日本麻布中學讀書，不久後並考上全日本競爭最激烈的東京第一高等學校。首開台灣學生考上東京一高記錄的

◎ 朱昭陽在日本東京帝大的畢業證書。

◎ 1920年朱昭陽（中）與母親（左二）、既姑婆（左一）和兄弟的合照。

朱昭陽，成為台日兩地新聞媒體的大紅人，而他「先斬後奏」的舉動也因此獲得父親諒解，最後順利成為東京一高的學生。

東京一高是當時日本精英匯集的學府，其最大的特色是學生自治：課堂之外的時間由學生自行規劃，生活相當自由；但東京一高的學生多能嚴謹自律、互相尊重，因此學校的自由、開放風氣塑造了他們獨立、自主的人格特質。東京一高三年的留學生活，對朱昭陽的人格養成有著相當深遠的影響，從他個人的待人處事態度，到辦學強調因材施教的作風，都可以看到東京一高的開放校風在他身上留下的影子。

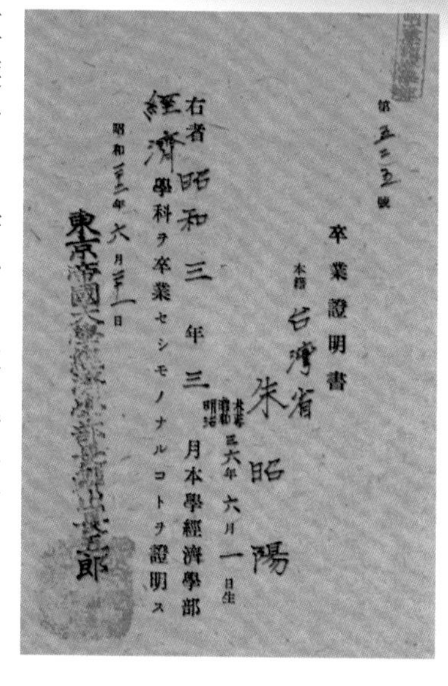

第五三五號

卒業證明書

本籍 台灣省

朱昭陽

三十六年六月一日生

右者昭和三年三月本學經濟學部經濟學科ヲ卒業セシモノナルコトヲ證明ス

昭和三十二年六月廿一日

東京帝國 [illegible] 郎

1925年，朱昭陽考進東京帝大經濟學部，繼續留在日本接受大學教育。在這段期間，他在吳三連的引介之下，加入台灣留學生組織的「台灣新民會」，並和林獻堂、蔡培火等人相識，開始為爭取台灣人的權益、未來而到處奔走。

在課業及新民會活動之外，朱昭陽還參加日本政府的多種考試，他在大二時即通過行政科高等文官考試，大三又通過司法科高考及大藏省（財政部）就職考試。一個台灣出身的學生，竟然能有如此優異的表現，朱昭陽不僅被日本教育界視為奇蹟，同時也鼓舞了許多台灣人的信心。

當時，朱昭陽的指導教授矢內原忠雄曾試著挽留他留任校內擔任助教，他以自己先答應了大藏省的職務為由婉謝；另一方面，台灣總督府也急欲招攬這個活宣傳，多番邀請他回台灣服務，但朱昭陽卻因為不滿總督府對台灣人的種種差別待遇，而加以拒絕。

回台做事較有意義

1928年，朱昭陽進入日本政府大藏省，並同時在理財局調查課、專賣管理課內任職；往後的九年，他因為工作上的優異表現而備受重用，屢次被長官委派重任。他在工作上積極表現，為的就是要證明台灣人的能力並不比日本人差，而是台灣人被日本人刻意歧視、打壓罷了。1944年，朱昭陽升任專賣局總局的主計課長，職階高等官二級，這是日治時期台灣人在日本政府內擔任行政官員的最高位階。

1945年，在太平洋戰爭中戰敗的日本無條件投降。朱昭陽開始和謝國城、宋進英等人組織「新生台灣建設研究會」並被推為會長，利用業餘的時間舉辦國語（北京話）講座，並與多位台籍精英討論該如何建設家鄉；而這個研究會的成員如：林茂生、杜聰明、謝國城等人，在日後朱昭陽成立延平學院時，也多被延攬到學校授課。

◎ 任日本專賣局高崎分局長的朱昭陽（中坐者，左圖）。

1946年2月，朱昭陽搭上冰川丸號（東京開往台灣的第一艘遣送船）離開日本、返回台灣，沒多久便

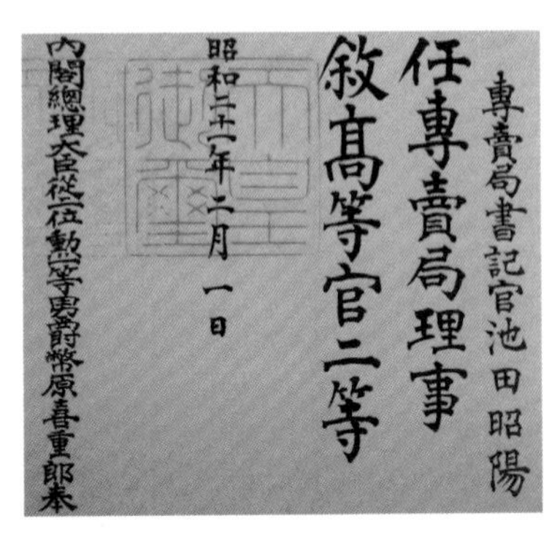

專賣局書記官池田昭陽
任專賣局理事
敘高等官二等
昭和二十一年二月一日
內閣總理大臣從二位勳一等男爵幣原喜重郎奉

◎ 朱昭陽升任專賣局局的主計課長之任命書。

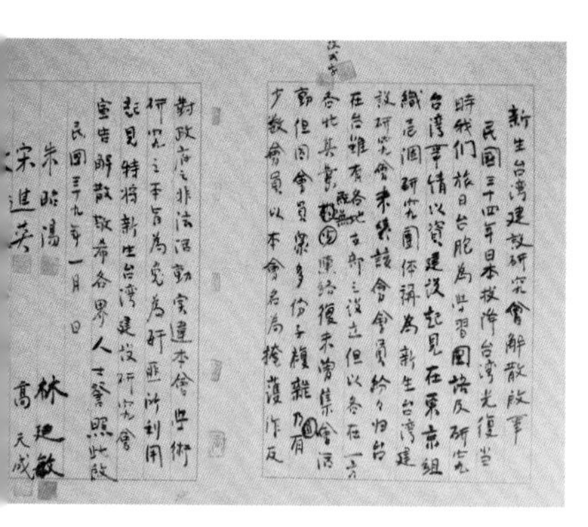
新生台灣建設研究會解散啟事
民國三十四年日本投降台灣光復當
時我們旅日台胞為學習國語及研究
台灣事情以資建設起見在東京組
織志調研究團體稱為新生台灣建
設研究會未幾該會會員紛紛歸台
在台雖有各[illegible]地方部之設立但以各在一方
合北其業[illegible]聯絡復未嘗集會活
動但因會員眾多份子複雜乃有
少數會員以本會名為掩護作反
對政府之非法活動實違本會學術
研究之本旨為免為奸匪所利用
起見特將新生台灣建設研究會
宣告解散敬希各界人士察照此啟
民國三十九年一月　日
朱昭陽
宋進英
林[illegible]敏
高天成

◎ 新生台灣建設研究會的解散啟事。

◎ 朱昭陽（後右一）向黃家提親合照，被家族安排坐在離妻子黃坤卿（後左一）最遠的位置，因為她為他放棄唸牙科。

接掌市立大同中學校長的職位；私立大同中學原是日本人在台設立的私立國民中學，戰後由致力興學的企業家劉明接手，並邀請朱昭陽為校長。另外，他還應魏清德（曾任《台灣日日新報》漢文主編）先生的邀影，協助整頓「台灣合會儲蓄公司」（今台灣省中小企業銀行）的營運。多年後，每提及當年毅然返台的決定，朱昭陽仍覺得「在台灣做事情較有意義，在日本工作沒有什麼意義！」放棄日本大好前途的他，臉上從未有過一絲遺憾的表情。

夜間學院創始者

日治時期總督府統治台灣的方式，或許手段比西歐帝國主義國家進步許多，但對殖民地人民的歧視和差別待遇，其實在本質上相差無幾。除了最基本的國民教育，台灣學生若想要再進修，就只有進入國語學校或總督府醫學校就讀；加上台灣高等教育學制與日本本土完全不一樣，總督府醫學校畢業的學生只能在台灣行醫，只要兩腳踏出台灣，醫師資格就飛了。日本當局對於台灣的高等教育機會及種類上的限制，其實是他們恐懼台灣人有一天將因教育普及而覺醒，進而為自己的權利義務進行抗爭。

戰後的台灣，雖然已經不再是殖民地，但回到故鄉的朱昭陽卻發現，台灣人的處境並沒有多大的改變。為此沉思不已的他，認為要建設新的台灣，首先就要從提高教育水準著手。稟持著「生命的意義，不在當大臣，而在培養大臣」的理念，朱昭陽開始著手創辦學校，雖然自己能力有限，但在企業家劉明的資助及身邊許多身為知識分子的朋友支持下，終於在台北創辦了一所夜間學院——延平學院，創校董事包含了林獻堂、蔡培火、楊肇嘉、杜聰明、吳三連、丘念台、游彌堅等熱心教育的人士。

其實朱昭陽原本期望能成立一所大學，為此他還邀請林獻堂為學校命名為「延平大學」，紀念延平郡王鄭成功不屈不撓、不貪名利的精神；但因籌備不及，1946年學校正式招生時，校內科系不足以成立三個學院，因此改名為「延平學院」，招收有志攻讀經濟、法律兩科系的台灣學生。延平學院開始招生後，就有二千多人前來應試，最後錄取一千多人，可以看出當時台灣學生對教育的渴望和期待。

同年10月10日晚上，柔和月光靜靜撒在開南商工的操場（因校舍建設不及而向開南商工商借場地）上，主持創校典禮的朱昭陽就著一盞燭火，面對台下學生用台語致詞：「在這一片漆黑的會場中，所幸有一支燭光帶給我們些微的明亮；我們學校在此時開辦，正是要給這混亂、昏昧的社會提供一線光明，我們要當荒野暗夜中的螢光。」這樣想要在漫漫黑夜裡點燃學術火花的胸懷，可以說和美國哈佛大學創校者的理念不謀而合，而新創立的延平學院，就以螢火蟲為校徽。就這樣，台灣人第一間自辦的新式高等學校宣告成立。

教學師資方面，由於朱昭陽號召了一群留日學者參與教學，加上還有「新生台灣建設研究會」成員的熱心協助，因此師資不虞匱乏。經費所限，學校老師的薪資並不高，但他們卻有著一股澆不熄的教學熱忱，其中隱隱透露著渴望復興台灣的氣息。有趣的是，延平學院的老師授課時大多以自身熟悉的台灣話為主，有時還間雜了日語。至於課程安排，除了一般的教學課程，並聘請知名學者到學校演講

◎ 曾人模（左）是朱昭陽（右）最要好的友人，曾幫助他偷渡日本留學。

◎ 延平中學以螢光蟲校徽，祈願作昏暗社會中的一線光明（左圖）。

◎ 民國36年3月22日台灣新生報報導延平學校關閉事件（右圖）。

延平學院奉令封閉

【中央社訊】私立延平學院，頃由該省警備總部予以封閉。該部佈告稱：「延平學院辦理不善，且未奉准立案，『二，二八』事變中並有一部分員生參加叛亂，殊屬不法，應予封閉。」又悉：該部曾在該院查出手榴彈七十餘枚，軍用汽油五六桶。

一個月，為緊湊而忙碌的學校教學增添活潑的變化。

身為夜間學校的延平學院對學生限制不多，因此學生遍布各個社會階層，從一般高中畢業生到社會人士，其中甚至有老師、小學校長、公務人員等，年齡則小至十八歲，大至四十二歲都有；為了配合在職進修學生的時間安排，學校的上課時間還因此分為早班和晚班兩大時段。學生們的學歷或許不高，但他們的常識豐富，加上十分珍惜這樣難得的教育機會，因此缺席率很低。學生們的自律、自治及旺盛的求知慾，正展現了當時台灣人求知若渴的風氣，而延平學院也確實給予日本統治下失學的台灣人民，一個受教育的機會。但是延平學院自由、開放的校風，加上學校老師多半因過去深刻的殖民地經驗而經常批判政府施政，這樣的強烈特色開始受到政府當局的注意。

◎ 朱昭陽的教學筆記，上頭密密麻麻的斑駁筆跡，不難發現其認真的態度。

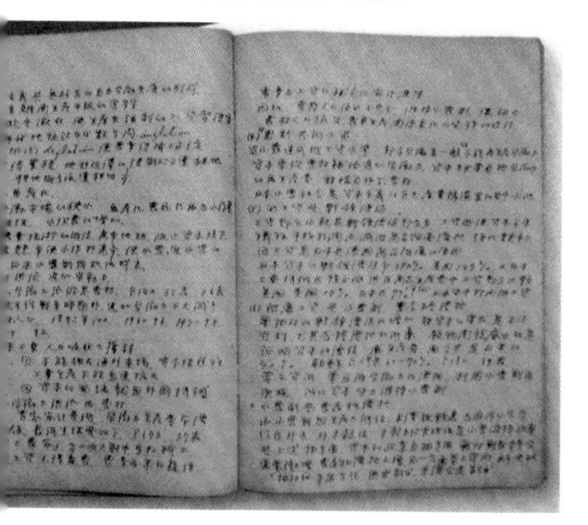

毀滅與重生

1947年，「二二八事件」爆發後，警務處官員曾向劉明求援，希望延平學院能派遣學生進駐各地派出所，以防止暴民滋事；由於當時朱昭陽正因喪事請假，因此劉明便以常務董事的名義派遣學生支援派出所。原本只是單純協助維持治安的工作，卻讓處心積慮拔除延平學院的當局找到藉口，參與協防派出所的學生，許多都因來不及撤離而遭到軍隊射殺；幾天後，政府人員闖進了延平學院，並宣稱在校內找到了七十幾枚手榴彈、軍用汽油五大桶。

3月22日，《台灣新生報》刊載了警備總部下令關閉延平學院的消息：「延平學院辦理不善，且未奉准立案，二二八事變中且有一部分員生參加叛亂，殊屬不法，應予封閉。」而先前宣稱發現校方私藏武器的事件，也成為當局關閉延平學院的藉口。於是，在二二八事件的腥風血雨中，延平學院五個多月的蓊鬱，化作滿身的創痕，然後枯萎。此後，延平學院像塵埃般，在時空中消失了、散了。

之後，時局仍舊混亂，但朱昭陽為了復校事宜開始到處奔走。復校，指的是恢復像延平學院般的高等教育學校，雖然這並不容易，但他仍以堅韌的意志力，在1948年又以延平高中補習學校的名義提出申請，展開復校這條漫長的道路。雖然「補校」一詞在一般人眼中無足輕重，但「延平補校」的成立卻有如延平學院再度開辦一樣，激起社會大眾的肯定浪潮；雖然延平學院因二二八事件而關閉，但繼起的延平補校仍成為「蔣介石時代台灣最自由的學校」，校方聘請國內許多知名教授任教，師資陣容依然堅強。學校運作逐漸穩定後，朱昭陽、宋進英又為了籌建校舍而繼續奔走，1953年終於在建國南路的校地上建立校舍，脫離寄人籬下的窘境。1959年，朱昭陽心目中的延平學院終於擺脫補校的名號，只是昔往的延平學院，這時已委屈為高中教育的延平中學。然而，朱昭陽仍為了延平學院的復校而持續努力著，只可惜他年事漸高，1989年由校友粟竹松接替自己擔任校長後，朱昭陽轉任董事長；2002年2月14日，朱昭陽安詳離世。

◎ 延平中學是朱昭陽生命中很重要的一部分。

不滅的螢光

身為一位有為有守且堅持原則的教育家，朱昭陽不慕名利且甘於

◎飲茶沉思、遙望遠方的朱昭陽（右圖）。

平淡，他創辦的延平學院就是台灣私人興辦高等學校的濫殤，在台灣教育史上不可輕忽的意義。台中中學是台灣人自設的第一間中等學校，意義同樣重大，但後來仍淪為殖民地教育的一環。然而，私立延平學院不僅是台人自辦的高等學校，同時完全取自於民間、用之於民間，不受政府當局操控、擺弄，在台灣教育史上的意義更加深遠。

延平學院雖然因為開放校風及批判時勢而遭受政府當局側目，甚至陷入被迫關閉的困境，但它短短幾個月的生命，卻是台灣人民爭取教育自主權的精神象徵，其歷史地位不因它的結局而被抹煞。而回首朱昭陽的辦學歷程，從建校到復校始終波折不斷，延平崎嶇漫長的辦學之路，正猶如鄭成功當年打下台灣的艱辛過程，而他在台灣教育界的奉獻和堅持，也將留存在我們的歷史記憶中。

人文之師 胡適

胡適推動政府培養科技人才和教育，進一步使台灣的學術發展走向多元化，加上許多繼承他教育理念的中國學者都隨國民政府來台，更是成為台灣教育普及的重要動力。

他，是一位哲學家、教育家、文學家，甚至是思想家、政治家。他所堅持的思想和理念，至今仍是獨裁和暴政的死敵。只要是我們仍不放棄民主、自由與科學，他的精神就會永遠不死。他，就是胡適。

英氣風發年少時

胡適，字適之，1891年12月17日生於上海。胡適的父親胡傳曾在台東擔任知州（類今縣長），因此胡適小時便跟著母親馮順弟來台。當台灣割讓給日本後，原任台灣的清政府官員紛紛帶著眷屬回國，胡適一家人也在1895年返回上海，然而胡傳卻因得了腳氣病，離開台灣後便在廈門去逝，胡適便一路伴隨著父親的遺體，回到父親的家鄉安徽。由於胡傳曾經交待到要讓這個兒子好好讀書，因此馮順弟便讓胡適進入私塾讀書；馮順弟每年繳交給私塾的學費都比別人還要多，為的就是希望私塾的先生能多多指導胡適。而胡適本身也喜愛唸書，除了儒家典籍之外，他自己也看許多小說，影響了他日後提倡「白話作文章」的主張。

1904年，胡適跟著三哥到上海，開始接受新式教育；進入新式學堂後，由於他的漢學基礎相當紮實，因此學業進步神速。此時的胡適，也開始接觸《新民叢報》等報刊，並閱讀嚴復所翻譯的《天演論》，

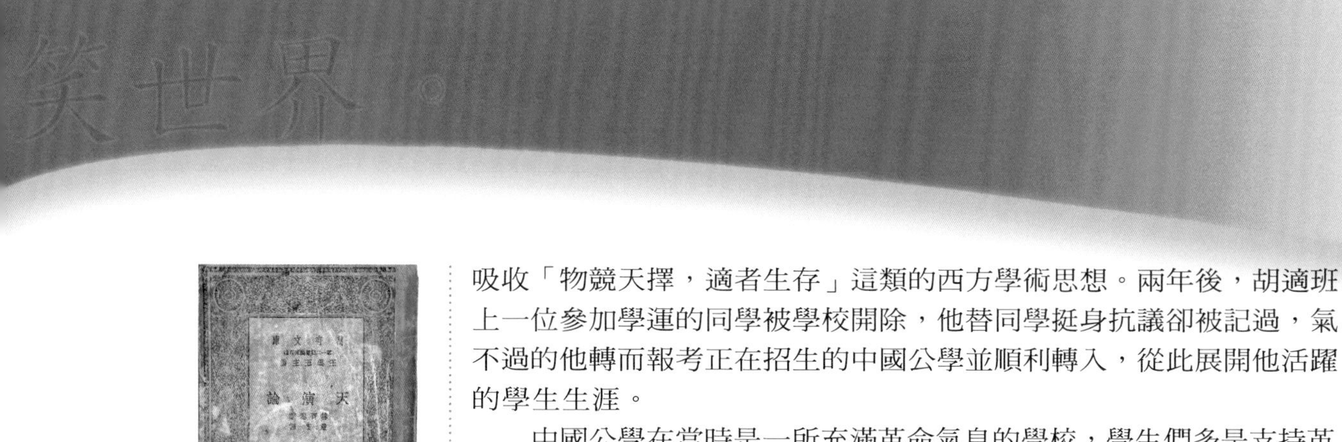

吸收「物競天擇，適者生存」這類的西方學術思想。兩年後，胡適班上一位參加學運的同學被學校開除，他替同學挺身抗議卻被記過，氣不過的他轉而報考正在招生的中國公學並順利轉入，從此展開他活躍的學生生涯。

中國公學在當時是一所充滿革命氣息的學校，學生們多是支持革命的同盟會成員。學長姐看胡適是適合讀書的人才、年紀又小，因此沒有邀他參與實際行動，但也從不對他隱瞞大家的企圖。當時學生們在學校裡辦《競業旬報》這份白話刊物，目的就是向民眾鼓吹革命，他們邀胡適寫稿，胡適的第一篇白話文便是發表在上面；第廿四期起，胡適開始接手擔任主編、大展身手，奠定了他在白話文寫作上的基礎。中國公學後來因經費問題，必須接受兩江總督的補助，結果校友和官派監督產生意見衝突，硬脾氣的學生們紛紛退學，另辦一個「中國新公學」，胡適也跟著在新公學裡一邊編報、一邊擔任英文教員，不過新公學最後仍在1909年被舊公學合併。理想受挫的胡適，不願回到舊公學上課，一度墮落的跟著朋友花天酒地；結果有天胡適在酒

◎《天演論》為少年胡適吸收西方學術思想的重要讀物之一。

◎民國3年的胡適，此時他已在美國留學了（左圖）。

醉後跟巡捕（警察）發生衝突後被送進大牢，隔天才被朋友保釋出來。胡適看到自己狼狽的模樣，才頓時覺醒過來，重新振作繼續求學，最後參加考試獲得前往美國留學的資格。

1910年8月，胡適登上前往美國的船，開始他的留學生活。在七年的留美生涯中，前五年在康乃爾大學，剩餘的兩年則是在哥倫比亞大學渡過。胡適原是學農，但對文學、哲學感興趣的他讀不到幾年便轉到文學院唸書。大學四年畢業後，他繼續留在美國唸研究所，稍後並轉往哥倫比亞大學繼續深造，並接受舉世著名的教育哲學家杜威的指導。1917年，胡適畢業回國，9月便前往北京大學教授「中國古代哲學史」。起初，許多學生因為胡適如此年輕卻擔任教授而不服氣，其中傅斯年更為了出胡適的醜而刻意前去聽課；但胡適以新喻古的靈活上課方式，卻令前來「踢館」的傅斯年佩服不已，因此打響了他在北大的名氣。

我手寫我口

胡適一回國便在中國聲名大噪，主要在於他強調白話文學的重要性。雖然當時已有人使用白話文創作、辦白話報刊，不過一般人並不將這種以白話文寫作的文章當成文學作品；然而胡適卻認為唯有與日常語言結合的白話文才是活文字，以白話文寫作才能創作出好的文學。1917年，他發表了「文學改良芻議」和文學八不主義，向社會大眾推廣白話文學，影響了民國初年的新文學運動，繼而改變中國數千年以來「語、文分家」的現象。

就教育觀點而言，胡適也強調白話文在教學上的強大功能，白話文好寫、易懂的特質，使得學生不須再學習艱澀難懂的文言文，也能

◎ 擔任北大教授的胡適（左圖）。

◎ 哥倫比亞大學圖書館。

學習新知；他認為應該以白話文撰寫教科書，就可以讓學生有更好的學習成果。1919年，胡適明確提出了白話文教科書的規劃，如：從國民學校到大學的教科書都該用白話文編成；中學堂除了古文一科外，其餘的科目都必須用白話文教科書；大學的古文文學則改列為專業科目等等。

事實上，白話文的推行對學校教育的確有其重大意義：白話文接近口語，有利於學生對大多數教材的閱讀及理解，能進一步提升學生思辯、學習的能力；另外，對於科學思想的普及和其他學科的學習，白話文也提供了良好的條件。以白話文作為學習工具，對教育普及、掃除文盲都有正面的影響，進而可以提高國民整體的知識水準，並促進高深學術的研究。另外，在談話、演說和作文這些溝通形式上，白話文兼具口語和文字表達的特性，也讓日常語言與文字使用有了更緊密的結合。

播下科學的種子

除了強調白話文的教育功能，胡適也強調科學精神對教育的積極影響。師承杜威的胡適，終生宣揚科學的治學方法，強調以研究科學的理性、邏輯方法及質疑精神，從事學術研究；他也主張「科學的人生觀」，強調科學思維對人類生活的益處，並希望每個人都能藉此培養出獨立的思考能力。

為了讓科學精神在當時的中國生根，他身體力行，以西方的學術研究方法「整理國故」，將支離破碎的中國傳統學問體系進行一番有系統的整理，並以批判的態度重新評價中國文化，試圖在這個新時代為中國文化賦予新的定位。在整理中國傳統學問的過程中，胡適為舊學問賦予了新解釋，因而讓傳承數千年的老文化在二十世紀找到新的發展方向。雖然自然學科並非胡適的專長，但他仍盡一切努力推廣科學精神、不遺餘力。1930年，他擔編譯委員會委員長，大力推動翻譯西方文史哲和自然學科的教科書；1948年，他為北大向中華教育文教基金會爭取十萬元美金，支持校內物理系的研究發展。

至於大學教育方面，胡適則認為大學教育的使命和目標，在於為國家創造新文明和培養領袖人才，在這個前提之下，大學務必以培養人才和進行研究為首要任務。信服這些理念的他，日後在擔任中國公學、北大校長時，便特別致力於在不同領域發掘人才；對於能進入大學研究學問的大學生，胡適則要求他們應當立志將自己鑄造成器、並努力從事多方面的學習。

此外，胡適認為對於當時的中國而言，增設大學是絕對必要的，因為大學是一個國家的學術文化中心，有了大學，自國外取經歸國的留學生，才有地方傳授這些學問；而國內的學生也才能就近求學，進而培養國家獨立的學術能力，中國的發展才能急起直追。

提升台灣教育品質

往後的數年內，胡適不停往返於中國、美國兩地。但自1952年底應台灣大學和台灣師範學院的邀請來台講學後，台灣便成為他漸常停駐的地方。1957年11月4日，胡適被任命為中央研究院院長，並在隔年4月10日在台就職，展開他推動台灣教育發展的一連串行動。

上任後的胡適，不久便擬定了一份綱領草案，建議政府成立「國家長期發展科學委員會」，進行培育科學人才的長期計畫。這對當時台灣的教育狀況而言，可以說是一個非常重要的里程碑。過去在台灣

◎寫作中的胡適（右圖）。

◎胡適（左）與雷震（右）的合影（左圖）。

◎1960年6月18日，胡適（左）與美國總統艾森豪（右）在圓山飯店晤談。

總督府的種種限制下，日治時期的台灣高等教育除了醫學和少數的工業學科之外，幾乎沒有純科學的學術研究可言；戰後，由於財力和學術人才的缺乏，先前的情況並沒有得到任何改善。

胡適的建議，很快就得到相關單位的同意，並於1959年成立國家長期發展科學委員會，由胡適擔任主席。政府開始撥出經費，重點式地補助各大學在科技教育上的費用，除了硬體設備上的購置之外，還增列研究補助費用、延聘客座教師，加強師資陣容。雖然政府限於財政拮据，所能提供的經費不多，但這終究是一個開始。1967年，國家長期發展科學委員會擴大改組為「國家科學委員會」，成為台灣科學研究、學術發展的重鎮之一。雖然此時胡適已不在人世，但若沒有他當年播種的功勞，國家科學委員會的發展未必能有今日成就。

胡適所關心的，是台灣整體的教育品質，除了大方向的教育政策以及大專院校等高等教育的問題，即使小至基礎教育的教學設施，他也從不馬虎。他曾經為了中央研究院附近舊莊國小的操場土地和給水設備不良的問題，特地寫信向當時的台灣省教育廳長提出反應。當舊莊小學的操場修繕、給水設備工程完工的那一天，胡適還特地前往學校勉勵小朋友努力學習。

另外，在台灣民主自由思想的教育和推廣上，胡適也有他的貢獻。政府於1949年自大陸退守至台灣後，《自由中國》雜誌也於同年11月20日創刊，由雷震擔任主編。許多知識分子都在刊物上發表文章，以評論政治或引介思想的方式，在台灣傳播自由民主的思想。當時胡適雖然遠在美國，卻是這份刊物的發行人和精神領袖，他和《自由中國》一直保持密切聯繫，常常對於刊物的編輯方針提出建議，並且在雜誌遭到困難時，利用自己的影響力設法解決問題。1960年9月4日，雷震等人遭到政府情治人員以「知匪不報」的名義逮捕，隨後並被判處十年徒刑；當時遠在美國的胡適，當天就向行政院長陳誠發出電文，指責「國府此舉甚不明智，政府畏懼並挫折反對派運動，必將蒙摧殘言論自由之惡名，恐將貽笑世界。」雖然胡適的抗議無法阻止政府取締《自由中國》的行動，但他曾為《自由中國》奔走的努力，卻讓戒嚴時期的台灣有了一股不同的聲音。

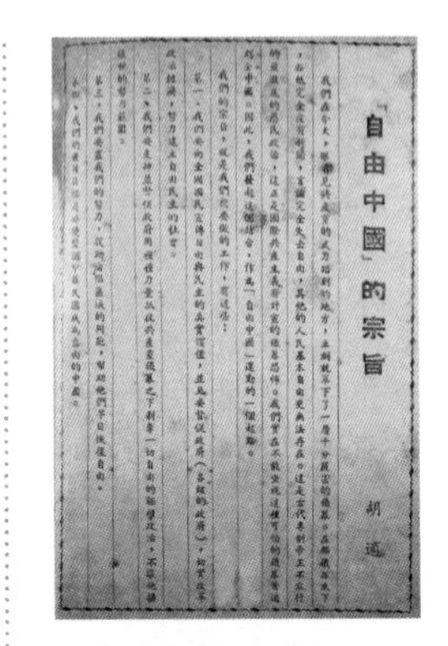
「自由中國」的宗旨

胡適

跨領域的播種者

自擔任中研院院長後，胡適為改善台灣的高等教育而竭盡心力，不過世事有時不盡如人意。1962年2月24日，胡適上午還精神奕奕地主持中央研究院第五次院士會議，但在下午六點半參加歡迎新院士酒會結束時，他卻因心臟病猝發而死亡，享年七十二歲。

胡適一生的貢獻橫跨數個領域：在文學上，他推動白話文學，開創了中國文學的新時代；而白話文學的誕生，也同時影響了知識的傳遞，讓知識及教育可以更迅速地傳播到各個社會階層，不再是少數人專享的特殊待遇。在學術研究上，他是第一位以西方哲學的研究方法

◎在「自由中國」的創刊號上，胡適發表的發刊旨（左圖）。

◎雖然在台的時間不長，但胡適卻是談及台灣教育史時，不可不提的重要人物（右圖）。

◎民國50年12月17日，胡適（右）與妻子在台大醫院。

重新整理中國學術的第一人，而他提倡的科學方法與批評精神，更是中國傳統學術轉變成現代學術的關鍵點。在教育上，胡適也許不曾建構出像其他教育思想家的嚴謹理論，但他卻能參考先進國家發展並考慮中國、台灣的不同狀況，進而淬煉出適當的教育措施。

在台灣，他強力推動政府進行新科技人才的培養及教育，使台灣的高等教育脫離日治時期百般遭受限制的窘境，進而使台灣的學術發展逐漸走向多元而全面的方向；他對大學教育的期望，也在無形中影響著台灣大學教育的發展。另外，他對《自由中國》的多方支持，更使台灣即使身處戒嚴時期，仍有一塊園地供給敢於反抗政府的人們大聲說出自己的意見。

雖然胡適在台灣活躍的時間並不長，但他卻為台灣多元發展的高等教育播下種子，讓台灣脫離過去日治時期受到的不平等限制；而他先前為中國教育所做的努力，則在許多繼承他理念的學者隨政府渡海來台後，默默地生根、茁壯，成為台灣教育普及的諸多動力。

自由詠嘆調 殷海光

「殷海光是『文星集團』的大法師。在這位『法師』面前，排列著5個咬牙切齒的金剛：綽號『人權牧師』的李聲庭；綽號『惡法剋星』的陸嘯釗；綽號『西化大少』的居浩然；綽號『西化義士』的韋政通；綽號『小瘋狗』的李敖。」

從自由主義踏入中國的那一刻起，便一再受到戰亂的侵蝕、政客的拒絕。1949年5月19日，台灣省主席陳誠宣布台灣地區實施戒嚴；年底，國民政府退守台灣，一個漫長而非常態的軍事統治時期就此展開。然而，自由主義的嬰啼並未就此絕聲，在這個小島上有那麼一群人，即使風雨飄搖，仍不斷地掙扎、苦撐與堅持。殷海光，是台灣50、60年代著名的自由主義思想家、政論家，更被譽為「五四之後，除了胡適，台灣唯一有影響力的知識分子」；他緊握手中的筆進行「書生論政」，揭發並抵抗著當時台灣的黑暗政治、恐怖統治。

自由主義領航者

殷海光，原名殷福生，1919年12月5日生於湖北黃岡。中日抗戰期間自西南聯大畢業後，考入清華大學哲學研究所專攻西方哲學。1944年投入當時已近尾聲的抗戰，1946年加入國民黨陣營，先後在國民黨中央宣傳部和《中央日報》任職。

殷海光出身於一個落敗的家族，大家族裡沉重的禮教約束及家中長輩們的虛偽面孔，令年少的他有著比別人更強烈的反叛心。就讀於西南聯大期間，殷海光受教於深諳西方自由主義思想的金岳霖，金岳霖主張學生要有自己的見解，也鼓勵他們勇於發表意見，就在這樣嚴峻的論斷、道德的呼吸和自由的教學方式之下，鑄成殷海光的性格和思想生命，他日後大力提倡科學民主和自由，多少受了金岳霖教育的影響。

加入國民黨後，生性耿介的殷海光並沒有忘記自己的理想和血氣。1948年11月4日，他在《中央日報》發表了〈趕快收拾人心〉的社論，抨擊豪門貴族和國民黨的內外政策，遭到蔣介石的怒斥，險些丟職；1949年3月，他跟著《中央日報》來台，期間又因發表社論批評逃台軍政人員，受到國民黨批判、圍攻，最後被迫離開《中央日報》。同年八月殷海光進台大哲學系任教，從此脫離黨務工作、專注於教育事業。殷海光是最早將西方科學哲學引介至台灣的人，在台大任教期間，他更被譽為「台灣大學最賣座的教授」，許多青年學者和學生都視他為思想導師。在他的影響下，台灣逐漸出現一群信奉自由主義的年輕學子，即使殷海光與他們並沒有真正的師生關係，他們仍然奉殷海光為宗師。但有人也曾經因此抨擊殷海光：「殷海光是『文星集團』的大法師。在這位『法師』面前，排列著五個咬牙切齒的金剛：綽號『人權牧師』的李聲庭；綽號『惡法剋星』的陸嘯釗；綽號『西化大少』的居浩然；綽號『西化義士』的韋政通；綽號『小瘋狗』的李敖。」

寧鳴而死，不默而生

1949年11月20日，殷海光和胡適、雷震等人在台北創辦《自由中國》雜誌，發行人為胡適和雷震，編輯部成員前後大約十人，從一開始的杭立武、殷海光到後來的傅正，都是當代著名的知識分子；其中又以殷海光和夏道平最為重要。兩人一自理論著手、一從實際著眼，

◎ 受到金岳霖老師的影響，使殷海光在日後積極提倡自由民主的思想（左圖）。

◎ 民國38年11月20日，「自由中國」創刊號出爐。

自由中國

第一卷第一期

創刊號

要目

發刊詞……本社

民主與極權的衝突……胡適

自由與平等……傅斯年

獨裁，殘暴，違背人性的共產黨……雷震

思想自由與自由思想……殷海光

本刊開闢青年號角的前當

美國的教育週

從赤色家庭解放出來……沈晞

一個俄國空軍上校初到美國……William White原著

給讀者的報告……本刊

中華民國三十八年十一月二十日出版

社址：台北市金山街一巷二號

共同為台灣民眾引介自由主義思想，成為刊物的靈魂人物。雖然有時他們的論述對一般民眾來說或許過於艱深，但《自由中國》提倡自由民主理念、勇於對時政痛下針砭的主張，卻與部分台籍精英批評國民政府的立場有著共鳴，因此一時間獲得不少人的同聲應和。

在《自由中國》擔任主筆期間，殷海光秉持著「寧鳴而死，不默而生」的精神，以他的言論和思想透過刊物教育民眾，力陳自由、民主精神的重要性。雖然他的文章有時也因下筆過於剛猛而被雷震退稿，卻也因此更加突顯他敢怒敢言的耿直性格。然而，由於言論中強烈批判當局的立場，使得殷海光長期遭到壓迫和監視，一路走得極其艱辛難熬；而《自由中國》批判政府的猛烈炮火，也終於引來當局的格殺令。

◎沈思中的殷海光（右圖）。

◎民國38年5月20日，中央日報報導台灣進入戒嚴時期（左圖）。

中央日報　中華民國三十八年五月二十日

環島防務佈署萬全

若干管制法令即將陸續公佈

今日零時開始戒嚴

全省劃分五戒嚴區

各區正副司令人選決定

確保全省安全

如違反戒嚴令

即依軍法嚴辦

當局說明戒嚴目的

《自由中國》創刊之初，旨在向民眾宣傳自由、民主精神的真正價值，也和國民黨保持著不錯的關係。然而隨著國際情勢轉變、蔣氏政權的漸趨穩定，以及台灣經濟和政治局勢的轉變，這份抱有自由主義理念的刊物開始將矛頭由國際轉向國內，論政焦點也從批判中共、蘇聯的共產統治，轉移

◎自由中國社大合照，胡適（二排中）、雷震（後排右四）、殷海光（後右二）。

到台灣內部問題的反省與檢討，開始碰觸到執政當局的禁忌。

1957年起，《自由中國》連續七個月以社論的方式，推出十五期有關當代台灣問題的討論，其中由殷海光執筆的為〈是什麼就說什麼〉和〈反攻大陸問題〉。前者點名政府不應以「反攻大陸、國家利益、基本國策、非常時期」等口號為幌子逃避問題，應當以「是什麼就說什麼」的務實立場解決問題，殷海光在文章裡特別強調國家和政黨必須明確劃分，不可混為一談；後者則以「國際形勢」和「現代戰爭的必要條件」兩大觀點，點明政府短期內無力反攻大陸的事實，並指出政府不能以「等反攻大陸再說」等理由，拖延應當進行的民主施政措施。殷海光從事實出發，剖析台灣當前局勢，並勇於揭發執政當局的荒謬政治立場；但這樣的言論，卻在日後被誣蔑成「散布反攻無妄論」，成了雷震被捕的重要理由之一。

除了由殷海光帶頭在《自由中國》上進行文字的政論批判之外，雷震也開始結合多位台籍政治人物如：郭國基、高玉樹等人，試圖組織「中國地方自治會」改革台灣選舉亂象，參與實際的社會運動。1960年，雷震聯合吳三連等台籍人士，準備籌組反對黨「中國民主黨」的動作，引發國民黨政府控制的媒體群起攻擊，《自由中國》也不甘示弱加以反擊：9月1日，殷海光發表社論〈大江東流擋不住〉，強調在民主社會當中，民眾組黨是天經地義的事，是任何洪流都無法阻擋的。但這樣的言論無法阻止當局的壓迫行動，三日後台灣警備總部以涉嫌叛亂逮捕雷震、主編傅正、經理馬之驌，以及會計劉子英四人；其中雷震以「知匪不報」、「為匪宣傳」等罪名被判十年徒刑，《自由中國》於是解散停刊，而殷海光也因此失去了他發聲的一個重要舞台。

自由的健筆

但在《自由中國》之外，殷海光不曾放棄傳播自由主義思想的任務。對於50、60年代的台灣人而言，自由主義思想是一種陌生而被人刻意隱藏、甚至不易接觸的思想，但殷海光說：「自由是許多人恐懼的烏雲，也是另外許多人欣喜的朝陽。」殷海光不斷闡揚自由主義思想，「我們對於反對自由主義的人，至少有義務要促起他們知道自由主義是怎樣一回事。」對於向社會大眾傳播自由主義思想的工作，殷海光為此花費極多心力：他翻譯出版海耶克（FA. Hayek）的《通往奴役之路》，並利用座談會、為《自由中國》撰文等形式，引入海耶克、卡爾巴柏等人的新思潮，並宣揚羅素哲學和五四精神。

正因殷海光不斷發表許多闡述自由主義思想的文章，對廣大知識青年和民眾進行思想啟蒙，並鼓勵民眾乃至於青年一代站起來和專制對抗，讓他成為當時台灣自由主義思想的代言者。

雖被掩口，卻不瘖啞

《自由中國》被迫解散之後，殷海光的命運也隨之急轉直下。1963年，美國歷史學者易社強在英文《中國季刊》（China Quarterly）發表〈台灣的政治〉一文，特別在文中推崇殷海光為台灣自由主義的領袖，結果卻引起徐高阮、胡秋原對殷海光的惡意抨擊。1965年年底，殷海光出版《中國文化的展望》一書，但半年後隨即被當局查禁。

1966年，政府當局發動全國大專院校教授為〈致美國人民的一封公開信〉簽名連署，以抨擊對國民黨政府指責頗多的費正清（美國歷史學者，主編《劍橋中華民國史》）等人，不肯聲援簽名的殷海光，開始接連遭受政府當局的圍剿。同年6月，殷海光先是被迫放棄申請

◎ 利用翻譯相關書籍、演講和發表文章，殷海光不斷大肆宣傳自由民主的思潮。

◎〈大江東流擋不住！〉聲稱組黨是任何洪流都無法阻擋，也因此成為台灣警備總部逮捕雷震等人的藉口（右圖）。

國科會的補助款項，教育部又於8月去函台大，聲稱擬聘殷海光為「教育部教育研究委員會委員」，企圖迫使他離開台大教職。最後，台大決議讓殷海光掛名教授，但不再實際授課，讓殷海光在失去《自由中國》這個舞台後，連最後的據點都無法固守。1969年9月16日，曾被國內外人士尊為台灣自由思潮領導人的殷海光因胃癌過世，享年五十一歲。

在當時統治當局強力壓迫、不容反抗的環境下，一些知識分子或依附、或噤言，但殷海光不苟合於當局、敢怒敢言的氣節，成為當世難得一見的典範。或許殷海光在其個人的的專業學術領域上，不曾留下重要成就理論出現；但人格上，殷海光終生信奉自由主義，試圖將自己活成心目中的自由主義者，並以此影響當時整個台灣的社會風氣至於政治局勢。

教育上，在台大授課的殷海光，以自身的學術涵養為日後的台灣培養一群敢怒敢言的年輕後輩，抗顏國民黨政府的黨國教育、政治崇拜。他更透過《自由中國》為傳媒，向廣大台灣民眾

社論

(二)

大江東流擋不住！

這幾個月來，臺灣熱忱于自由民主憲政救國的人士，積極籌組一個新黨，希望拿這個新黨來作實現這一抱負的機構。這些人士，不避海暑，不辭跋涉，不避艱險，在重重威脅和阻撓之下，努力促致這一新黨之誕生，至少有下列幾項對于國家的利益：

第一，一新自由世界的耳目。任何稍識外國文字和稍具國際常識的人士都已知道，臺灣十幾年來在新聞電訊報導方面已成一個半封鎖狀態：凡與臺灣官方不利的消息，都在極端排斥之列；刊載的大都是經過「過濾」的，有利于官方的片斷稱頌之詞，或有利的報導。因此，十幾年來，世界在怎樣變，一般自由國家對于臺灣的觀感如何，許許多多人像蒙在鼓裏一樣，並不太清楚。官方這種作法，誠然多少達到一點愚民的目標，可是却蒙蔽不了別人。近年以來，國外輿論，包括西德的在內，常常說臺灣是一個警察國，實行的是一黨獨裁。美國若干以大學教授爲主的知識分子，照他們的研究和觀察，認爲臺灣的統治形態和政治作風，與赤色大陸在基本上是一樣的。順着這一認定，他們很自然地下這樣的結論，即是說：既然兩邊差不多，而且都是中國人，何必不用談判來解決問題？何必還要打仗？我們知道這種看法是有不符合事實的地方。但是，持這種看法的人在西方世界一天多一天。所謂「承認中共問題」，就是以這種看法爲心理背景的。無論怎樣，這種看法對于我們自由中國今後的處境是日趨不利的。然而，人家既然持此看法，我們憑口頭宣傳怎能打消？如果自由中國出現一個新的反對黨，那末就是拿事實給自由世界看，我們不是警察國。「事實勝於雄辯」。這豈不是真正有利于自由中國的辯證？

第二，誰都知道，世
義。什麼都只許「一個」。
其他任何具有獨立性的政
新的在野黨，那末可使大
同。從而他們在內心得到一
過日子，可是他們在臺灣
折。人常常認爲與自己有關
理的滋生，可以給他們精神
第三，我們知道，中國
所引起的武裝暴力衝突：
見。這是民主制度在中國沒
治之途，政見之爭永遠必須
得安居樂業。這幾十年的
步，所以必須實行民主。
第四，這十幾年來，國
名義所行的玩弄、恐嚇、
有耳朵能聽的人，都應該知
心甚至見之于選舉過程中的
掩的。這一類的積憤、積恨
式的統治結果，便是

介紹自由主義思想，以社會教育的方式啟迪民智，並以此抨擊國民黨政府的不當施政。雖然殷海光因此屢遭統治當局施壓、迫害，但他卻不曾放棄自己信奉的價值，直至死前，他仍堅信：「一方面我跟反理性主義、蒙昧主義、褊狹思想、獨斷教條作毫無保留的奮鬥。另方面，我肯定理性、自由、民主、仁愛的積極價值，我堅信這是人類生存的永久價值。」

雖然殷海光已死，但他所頌揚的自由主義思想透過曾教育過的學生、民眾流傳了下來，於是我們看到一列隊伍跟著他的身影走去，雖然搖搖晃晃，卻從未止步。

◎自由主義的隊伍跟隨在殷海光的腳步之後，持續發揚光大。

◎1960年代，台灣自由民主思想的代言者——殷海光（左圖）。

台灣教育大事紀

荷治時期

1627 • 6月 荷蘭籍傳教士干治士來台，開始傳教。

1628 • 8月 干治士使用新港語，以《聖經》為教材，在台南新港教導原住民讀書識字。

1629 • 荷蘭籍傳教士尤羅伯抵台，加入傳教行列。

1630 • 西班牙天主教神父愛斯基委抵達台灣傳教，並以羅馬拼音字母編纂《滬尾語辭彙》、《淡水語教理書》等書，以作為原住民識字的教材。

1632 • 愛斯基委於基隆創辦「學林」，為培育漢人子弟成為傳教士的教會學校，學校設有拉丁文、神學等課程。

1633 • 愛斯基委赴日本傳教途中遭船員殺害，「學林」終止運作。

1636 • 甘治士偕同尤羅伯在台南新港社開辦第一所教會學校，招收數十名原住民兒童為學生，爾後並以新港文編成的教材進行教學。

1637 • 干治士因任期屆滿離台。

1643 • 尤羅伯離台。

1648 • 荷蘭東印度公司在台推廣荷語教學，並要求各地的教會學校配合，取代台灣本土語言教學。

1652 • 沈光文搭船遭遇颱風漂流至台灣。

明鄭時期

1662 • 6月 沈光文因批評鄭經即位而流亡台南、高雄地區，以教書為業，並收原住民、漢人兒童為學生，為台灣平民漢學教育之始。

1666 • 台灣第一座孔廟正式於台南落成啟用，陳永華並於孔廟一側設置太學，為台灣有史以來第一所官辦學校；此後，陳永華開始在各地設置學校，招納漢人、原住民兒童入學就讀，為台灣官方教育體系之肇始。

清治時期

1683 • 7月19日 鄭克塽率明鄭官員投降清政府，清政府取得台灣統治權。
• 同年，施琅於台灣府治（今台南市）創設西定坊書院，為台灣最早成立的書院。

1684 • 台灣知府蔣毓英於轄內建置社學，又稱義塾，招收兒童就學。此後數年，台灣各地方政府陸續興建各級學校。

1685 • 沈光文組「東吟社」，定期集會作詩，為台灣詩社之首例。

1687 • 首任台灣府學教授林謙光抵台就任，台灣官方教育體系正式運作。
• 清政府准許台灣民眾前往福建參加

科舉考試。

1704 · 台灣知府衛台揆創設崇文書院，為全台第一所規模完備的書院。

1745 · 彰化知縣曾曰瑛於彰化孔廟旁創設白沙書院。

1763 · 貢生胡焯猷捐獻房舍、田產創建明志書院，為北台灣首座書院。

1766 · 澎湖通判胡建偉創建文石書院（今澎湖孔廟），為清治時期澎湖地區最重要的教育單位。

1814 · 貢生張廷欽偕鳳山地方仕紳創建鳳儀書院。

1815 · 鳳山知縣吳性誠創建屏東書院（今屏東孔廟）。

1827 · 鹿港海防同知倡建鹿港文開書院落成，成為鹿港地區文教發祥地。

1843 · 曹謹於艋舺（今台北萬華）創建學海書院，為清治末期北台灣重要書院。

1853 · 大龍峒人陳維英（時任閩縣教諭）偕大龍峒耆老於保安宮內創設樹人書院。

1859 · 陳維英參加科舉考試獲得舉人名銜。

1860 · 陳維英辭官返鄉，於大龍峒倡導教育事業。

1869 · 陳維英逝世。

1871 · 12月 英國長老教會傳教士甘為霖抵台。

· 12月30日 加拿大長老教會傳教士馬偕抵達台灣打狗港。

1875 · 英國長老教會傳教士巴克禮抵達打狗。

1876 · 巴克禮於台南創辦第一所正式教會學校（今台南神學院前身）。

1882 · 9月14日 由馬偕創辦的牛津學堂於淡水開學，為北台灣第一所新式學堂。

1884 · 1月19日 馬偕辦的淡水女學堂正式落成於牛津學堂東鄰，為台灣第一所女子學堂。

1885 · 聚珍堂在巴克禮主持下，發行《台灣府城教會報》，為台灣有史以來第一份報紙。

· 9月21日 英國長老教會於台南開辦長老教會中學（今長榮中學前身），為台灣第一所中學，首任校長為余饒理。

1887 · 3月 劉銘傳於大稻埕創辦西學堂，為台灣第一所官辦西式學堂。

1888 · 劉銘傳於大稻埕創辦電報學堂，為台灣第一所職業技術學校。

1891 · 甘為霖創辦訓瞽堂，為台灣第一所專為視障人士設置的特殊教育機構。

日治時期

1895
- 擔任軍醫的堀內次雄隨日本近衛師團來台。
- 5月 伊澤修二被任命為台灣總督府學務部長。
- 7月16日 總督府於台北芝山岩惠濟宮內設國語傳習所，即「芝山岩學堂」(現台北市士林國小前身)。

1896
- 1月1日 發生「芝山岩事件」，芝山岩學堂因為六名教員被殺，不得已暫時關閉三個月。
- 4月13日 學堂重開，改稱「國語學校附屬芝山岩學堂」，並於7月1日舉行畢業典禮。
- 3月31日 總督府頒定〈台灣總督府直轄學校官制〉，並依據該法令成立「國語學校」及「國語傳習所」。「國語學校」為培養師資及各項相關業務人才之教育機關。
- 5月21日 總督府於台北芝山岩設置「國語學校」(國立台北教育大學前身)，為台灣師範教育之始。
- 9月2日 恆春國語傳習所豬勝束分教場成立，為台灣原住民接受西方新式教育之始。

1897
- 訓瞽堂因台人抗日活動影響而被迫停課關閉。
- 堀內次雄擔任醫學講習所研究室主任。
- 伊澤修二辭任學務部長一職離台。
- 3月30日 台北國語校第四附屬學校(台北市東門國小前身)設立，限收日籍學童，為台灣小學校之嚆矢。
- 5月 國語學校第一附屬學校(現台北市士林國小)女子部設立，為日治時期台灣女子教育之濫觴。

1898
- 7月28日 總督府頒布〈台灣公學校規則〉，以開辦公學校取代國語傳習所。
- 11月10日 總督府發布〈書房義塾規程〉，逐步限制了漢學私塾、書房之設立，以及教學。

1899
- 台灣總督府醫學校正式成立，首任校長為山口秀高。
- 4月30日 總督府發布〈總督府師範學校規則〉，規定師範學校以培養台籍之國語傳習所及公學校教師為主旨。

1900
- 台南慈惠院盲人教育部正式接辦訓瞽堂的盲人教育業務。

1901
- 高木友枝接任台灣總督府醫學校的第二任院長。
- 6月2日 馬偕因喉癌病逝於淡水。稍後，淡水

女學堂停辦。

1902 ・4月1日 總督府頒訂〈台灣小學校規則〉，使台灣島內的小學校制度與日本內地並行。
・7月6日 總督府修正〈國語學校規則〉，將國語學校師範部分為甲、乙兩科；甲科只收日本人，乙科專收台籍生。

1904 ・11月4日 嘉義廳達邦社警察派出所設「達邦蕃童教育所」，其師資由警察擔任，為台灣蕃童教育所之始。

1905 ・2月1日 在台北芝山岩舉行在台殉難教育者的建碑儀式。
・2月3日 總督府公布〈蕃人公學校規程〉。
・11月29日 總督府公布〈私立學校規則〉。

1907 ・擔任陸軍翻譯官的石川欽一郎隨軍來台，並在國語學校擔任兼職美術教師，直至1916年才離開台灣。

1910 ・4月「國語學校師範部乙科」改制為四年制的「公學校師範部乙科」。

1912 ・甘為霖出版《廈門音新字典》。

1914 ・為爭取台灣人中等教育受教權，林獻堂號召全台仕紳發起創建台中州第一高等中學運動，以籌措校地及建校基金。
・4月18日 總督府發布〈蕃人公學校規則〉。

1915 ・堀內次雄接任台灣總督府醫學校第三任校長。
・5月 公立台中中學（今台中一中前身）成立，為一專門招收台灣學生的新式中學。

1916 ・林茂生學成返台，擔任長老教會中學的教頭。

1917 ・甘為霖離台返英。

1918 ・7月19日 國語學校在台南設立分校。
・9月27日 台南孔廟重新修建完成。

1919 ・1月4日 第一次大戰結束，總督府頒布〈台灣教育令〉，廣設中學與專門學校。「國語學校」更名為「台北師範學校」。

1920 ・林茂生被派往台南商業專門學校教授英文。
・3月31日 總督府公布〈台北師範學校規則〉，規定必須使用總督府所編纂或審定的書籍。
・11月 蔣渭水成立「文化公司」，向台灣民眾推廣海外報章雜誌及引介西方新知。

1921 ・3月18日 總督府公布〈學校學生、兒童身體檢查規則〉。

- 9月 甘為霖病逝於英國自宅。
- 10月17日 台灣文化協會正式成立，並於此後展開一連串社會運動。
- 11月28日 蔣渭水於《文化協會會報》上發表〈臨床講義〉，提出以教育治療台灣社會的觀點。

1922
- 2月5日 台北師範學校學生因為不服日警取締而群集抗議，發生日警闖入校園拔劍威嚇學生的「拔刀事件」，這是北師第一次罷課事件，也是台灣最早的學運。
- 2月6日 〈台灣教育令〉改正公布，採行「內台共學制」。
- 12月16日 杜聰明獲頒京都帝國大學醫學部的博士學位，為第一位獲得醫學博士資格的台灣人。

1923
- 2月26日 修正〈台灣公學校令〉。
- 4月 台中師範學校設立。台灣教育會在台北第一中學舉辦「教育展覽會」。

1924
- 石川欽一郎再度來台擔任台北師範學校（原國語學校）美術教師，直至1932年離台。
- 文化協會假霧峰林家之萊園，開辦「夏季學校」，向台灣民眾傳播西方新知。自此年起，文化協會一連舉辦三屆夏季學校。

1925
- 2月23日 霧社青年花岡一郎進入台中師範學校就讀，成為台灣山地原住民進入師範之始。

1926
- 6月17日 台中教育博物館開館。

1927
- 石川欽一郎與多位弟子組織台灣水彩畫會。
- 林茂生赴美國深造。
- 7月10日 蔣渭水組織台灣民眾黨，為日治時期台灣第一個合法政黨。
- 10月28日 第一屆台灣美術展覽會（台展）於台北樺山小學校（今警政署址）舉行。

1929
- 11月 林茂生發表博士論文，針對總督府對台灣施行的同化教育提出批評，並以此獲頒美國哥倫比亞大學哲學博士，為第一位獲得哲學博士的台灣人。

1930
- 林茂生學成返台。林茂生被派任為台北高等商業學校（今台大法商學院）的教師。
- 總督府成立專門協助戒治鴉片毒癮的「台北更生院」，並由杜聰明負責實際運作。
- 10月27日 台灣日治時代最大規模的原住民抗日行動——霧社事件爆發，日本政府費時月餘方將抗日原住民剿滅。

1931
- 2月18日　台灣民眾黨遭總督府解散。
- 8月5日　蔣渭水病逝。

1935
- 林茂生受聘為台南高等工業學校（今成功大學）教授。

1936
- 杜聰明擔任台北帝國大學醫學部藥理系教授。

1941
- 3月8日　〈台灣教育令〉第二次修正，使台灣初等教育制度比照日本內地學制，依〈國民學校令〉施行。
- 4月19日　皇民奉公會成立為推動皇民化運動的組織，由總督擔任總裁。

1943
- 4月1日　台灣開始實施六年義務教育制度。
- 11月30日　日本開始強徵台籍學生赴前線。

1944
- 9月1日　日本政府正式實行台民徵兵制。
- 10月8日　總督府制定〈兒童疏散辦法〉，要求都市學校疏散學生到鄉村不易遭轟炸的地區上學。

1945
- 8月15日　日本天皇透過廣播發表〈終戰詔書〉，無條件投降。
- 9月　石川欽一郎逝世。

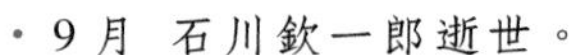

戰後

1946
- 2月　朱昭陽搭日籍遣送船「冰川丸」返台。
- 3月　林茂生創辦《民報》，並擔任社長，旗下有總主筆陳旺、總編輯許乃昌等人。
- 10月10日　朱昭陽創辦的延平學院正式開學。

1947
- 2月28日　「二二八事件」爆發。
- 3月10日　林茂生遭政府情治人員逮捕，從此下落不明。
- 3月22日　《台灣新生報》刊載警備總部下令關閉延平學院的命令。

1948
- 1月18日　台灣省首屆教育會議在台中召開。

1949
- 1月20日　傅斯年就任台灣大學第四任校長，並在其任內將戰後一度幾成空城的台大重新導上正軌，得以繼續成為台灣學術重地。
- 3月　殷海光隨《中央日報》來台。
- 4月6日　因警方不當拘捕學生，引發台大、台灣師範學院爆發學潮，當局因而派出軍警進入兩校鎮壓並搜捕學生，為四六事件。
- 5月20日　台灣實施戒嚴。
- 8月　殷海光應聘為台大哲學系教授，開始在校園內為學生引介西方自由主義思想。
- 9月23日　林獻堂以治療頭眩為由，從此旅居日本，終生不再踏足台灣。
- 9月26日　省教育廳在這天頒訂〈台灣省各級

學校國語正音補救辦法〉，大力推行國語教育。

・11月20日《自由中國》創刊，雷震及胡適擔任發行人，殷海光為主筆。

1950 ・6月3日 教育部頒訂〈戡亂建國教育實施綱要〉。

1952 ・4月8日 教育部正式頒布〈戡亂時期中等以上學校精神、軍事、體格、技能訓練綱要〉，進行學生的思想教育。

・5月19日 省教育廳推行教育改革，頒布〈台灣省各級學校課程調整辦法〉、〈加強民族精神教育實施綱要〉、〈加強生產訓練及勞動服務實施綱要〉，要求教材選擇應重視本國民族文化之理解和愛國觀念之培養。

・8月12日 教育部全力推行教育改革的方案，各大專以上的學校增加帝俄侵略中國史、國際關係，以及中國近代史為必修學分。

・8月18日 蔣中正總統明令公布至聖先師孔子誕辰紀念日改為國曆9月28日。

1953 ・4月29日 省教育廳訂定實施計畫，加強各級學校的國語教育。初等教育必須自一年級起教注音符號，並且由國語會編輯《兒童生活用語》印發給各校，使教師可以在日常生活中訓練學童的國語能力。

1954 ・杜聰明創辦的高雄醫學院落成。

・7月26日 台灣大學、師範大學、陸軍軍官學校等四校舉行聯合招生考試。其後教育部制定大學聯招制度，採統一命題、統一分發的方式錄取學生。

・8月22日 教育部教育研究委員會通過〈減輕中小學生課業負擔實施方案〉。

1955 ・9月24日 教育部教育研究委員修正通過〈發展初級中等學校方案〉，鼓勵私人興辦初級中學。

1956 ・5月17日 行政院院會通過〈高中畢業生會考暨升學聯合考試辦法〉，大專聯考正式實行。

・12月21日 省教育廳公布〈台灣省學齡兒童強迫入學辦法〉。

1957 ・《自由中國》連續七個月共發表十五篇社論，批判當局的施政方向。

・11月4日 胡適就任中央研究院院長。

1958 ・杜聰明於高雄醫學院開辦「山地醫師醫學專修科」，以招收山地青年學醫，使他們學成後能服務原住民部落。

・11月24日 省教育廳公開檢討國民學校惡性補習所造成的弊端。

1959 ・朱昭陽創辦的私立延平中學奉准成立。

1960 ‧9月1日 殷海光發表於《自由中國》發表社論〈大江東流擋不住〉，強調民眾有組織政黨的自由。

‧9月4日 警備總部以涉嫌叛亂逮捕雷震等人，事後雷震以「知匪不報」、「為匪宣傳」等罪名被判十年徒刑，《自由中國》亦被迫停刊。

1962 ‧2月24日 胡適因心臟病猝發病逝。

1967 ‧8月26日 行政院正式頒布省政府自1968年9月1日起實施九年國民義務教育。

1969 ‧6月14日 教育部決定國中生可以能力分班。

‧9月16日 殷海光因胃癌病逝。

1979 ‧5月23日 〈國民教育法〉制定公布。依此法全台國中小學設置輔導室，專責學生輔導業務事宜。

1981 ‧5月26日 八名台北市東門國小學生前往教育部，控告級任老師強迫補習及體罰，成為台灣教育史上第一件學生告老師事件。

1985 ‧9月21日 省教育廳決定，試辦國小低年級的學生不帶書包回家的計畫。

1986 ‧2月25日 杜聰明病逝。

1987 ‧1月12日 教育部宣布廢除學生髮型限制，這項原則適用於中小學及大專院校等各級學校學生。

1989 ‧2月18日 教育部宣布決定廢除國小學生早自習活動。

1990 ‧3月2日 第一所民間體制外改革實驗小學——森林小學在台北縣成立。

1994 ‧2月25日 台灣第一所由家長自辦的小學「毛毛蟲實驗學苑」開學，後於1995年更名為「種籽親子實驗學苑」。

1995 ‧9月20日 台灣歷史最悠久的中學「台南市私立長榮中學」，舉辦創校110週年校慶活動。

1996 ‧9月22日 英語課程列為國小學生必修課程。

1997 ‧9月8日 國內第一所體制內森林小學——花蓮縣秀林鄉西寶國小開學。

1999 ‧9月「國民教育九年一貫課程」在全台98所國中小學進行實驗教學。

2002 ‧2月14日 朱昭陽逝世。

‧9月28日 來自全國各地上萬名教師走上街頭爭取自己的權益，為台灣教育史上首次教師遊行活動。

自由中國
第一卷第一期
創刊號

感謝與圖片提供

感謝許多機構及相關人士所給予的指導和意見，並提供許多豐富的資料和照片，在此獻上我們最誠摯的敬意；此外，對於本書中所刊載的圖文資料，編輯群已盡可能確認並標明提供者，若有任何缺失，尚期各位包涵並不吝指正，使本書有更臻完善的空間。

感謝

林玉体、倪侯德、陳重光、蔣朝根、潘稀祺

中央圖書館台灣分館、中山女高、台南啟聰學校、台中一中、台大醫學院、台北市立教育大學、杜聰明獎學金基金會、明台中學董事長林芳瑛、明台中學副校長林承峰、延平中學、延平昭陽基金會、胡適紀念館、林茂生愛鄉基金會、長榮中學、高雄醫學大學、淡江中學、殷海光學術基金會、賴和紀念館

圖片提供

倪侯德－p88（右下）、p90（右下）、p91（左下）、p92（右上）
陳重光－p90（右上）
蔣朝根－p102、p103（左上）、p104（全頁）、p105、p106、p107（全頁）、p108（全頁）
潘稀祺－p57（右下）
台中一中－p101（全頁）
延平中學－p128（左下）、p132（左下）、p133（右上）
長榮中學－p52（右下）、p56、p60（全頁）、p61（左下）、p119（全頁）
淡江中學－p43（右上）、p47（左上）
台大醫學院－p79（左下）、p80（右上）、p81（全頁）、p83（左下）、p85（左中）、p123、p124（右下）
胡適紀念館－p136、p138（右上）、p140（全頁）、p141（右上）、p143（全頁）
賴和紀念館－p82（右上）、p84（右下）
台南啟聰學校－p53（左上、左下）
高雄醫學大學－p126（左）、p127（左）
林茂生愛鄉基金會－p59（右下）、p110、p111（右下）、p112（右上）、p114（全頁）、p115、p116、p118
杜聰明獎學基金會－p83（左上）、p120、p121（左上）、p122（全頁）、p126（右）
延平昭陽基金會－p128（右）、p129（右上）、p130（全頁）、p131（左上）、p132（右上）、p133（左下）、p134、p135
殷海光學術基金會－p144、p147（全頁）、p148、p150（全頁）
台北市立教育大學－p88（右上）、p91（左上）、p93（左下）
明台高中林芳瑛董事長－p94、p95（左下）、p96（右下）、p97（左下）、p99、p100（全頁）

啟蒙師與父／島嶼柿子文化館編著．－初版－
台北市：柿子文化，2005 [民94]
面；公分．－（Walking ; 4）

ISBN 986-81319-2-8（平裝）
1. 世界傳記 2. 臺灣—歷史
781 94018121

啟蒙師與父

編著	島嶼柿子文化館
文字整理	簡瑞龍、謝昭儀、高煜婷
責任編輯	高煜婷
封面設計	WENER
內頁構成	WENER
總編輯	林許文二
出版	柿子文化事業有限公司
地址	11677 台北市文山區公館街30之2號1樓
服務專線	(02) 89314903
傳真	(02) 29319207
郵撥帳號	19822651 柿子文化事業有限公司
E-mail	service@persimmonbooks.com.tw
柿子文化網	http://www.persimmonbooks.com.tw
印刷	中原造像股份有限公司
初版一刷	2005年10月
定價	新台幣350元
ISBN	986-81319-2-8

Printed in Taiwan